Burkhard Gutleben

Von Jakob am Jabbok zu Saul in En-Dor

Theologische und religiöse Texte 1992 bis 2015

tredition

ISBN 978-3-384-20857-6

Druck und Distribution:
tredition GmbH, Heinz-Beusen-Stieg 5, 22926 Ahrensburg, Germany

Publikation und Verbreitung erfolgen im Auftrag des Autors,
Burkhard Gutleben, Straßburger Straße 100, 46047 Oberhausen, Germany.

Vorwort

Die in diesem Band versammelten Texte stammen aus den Jahren 1992 bis 2015. Ihre Entstehungszeit deckt sich weitestgehend mit der intensivsten Phase meines ehrenamtlichen Engagements in der Evangelischen Kirchengemeinde Oberhausen-Sterkrade (als Folge einer Fusion ab 2010: Holten-Sterkrade). Nach meinem Einstieg in das Presbyterium eröffneten sich rasch weitere Arbeitsbereic wie die Gemeindebriefredaktion, verschiedene Ausschüsse und etliche Gemeindegruppen. Zunehmend wichtig wurde mir die Öffentlichkeitsarbeit sowie das Mitwirken bei verschiedenen Arten von Gottesdiensten, was schließlich dazu führte, dass ich mehrere auch selbst geplant und als Verantwortlicher durchgeführt habe.

Nach einer Phase der Eingewöhnung kam ich immer häufiger dazu, für verschiedene Anlässe Texte zu verfassen. Dabei handelte es sich unter anderem um Andachten, die ich für diverse Sitzungen konzipiert habe, liturgische Texte, die bei bestimmten Anlässen vorgetragen wurden, Predigten, die ich in selbst verantworteten Gottesdiensten gehalten habe, Beiträge für den Gemeindebrief sowie Kommentare, die auf der damaligen Website der Gemeinde veröffentlicht wurden. Daneben finden sich Textgattungen, die ich auch in anderen Kontexten gepflegt habe, wie Buchbesprechungen oder Gedichte. Im Inhaltsverzeichnis sind jeweils die Entstehungszeiten bzw. Angaben zur ursprünglichen Veröffentlichung zu finden.

Ein Solitär ist auf seine Weise der längste Text: meine Abhandlung über König Saul und die Frau von En-Dor, die durchaus mehr ist als nur meine Vorbereitung auf die Predigt über 1. Sam 28, 3-25.

Insgesamt sind hier durchaus verschiedenartige Texte zusammengekommen, sowohl was den äußeren Umfang als auch ihren Stil und Verwendungszweck angeht. Einige lassen sich gewiss als „religiöse Gebrauchsliteratur“ kennzeichnen, für andere trifft vielleicht eher das Etikett „theologisch“ zu. Und möglicherweise wird der eine oder die andere denken, dass einige Texte eher politische Positionen vertreten oder Zeitgeist spiegeln. Das will ich - vor allem in der Rückschau - nicht bestreiten.

Für diese Sammlung habe ich die ursprünglichen Texte an einigen Stellen geringfügig überarbeitet; teilweise wurden Bezugnahmen gestrichen, die nur in bestimmten Zusammenhängen Sinn hatten. Außerdem habe ich versucht, durch das Schriftbild die eigenen Texte von zitierten Originalen aus der Bibel oder der Literatur zu trennen.

Angeordnet wurden die Texte in der Reihenfolge ihres Entstehens; lediglich das „Schlussgebet" scheint mir in der Tat am Ende am besten aufgehoben.

Hingewiesen sei zuletzt noch auf den in diese Sammlung nicht aufgenommenen, aber andernorts bereits veröffentlichten Beitrag mit dem Titel „Kindern theologische Themen nahe bringen", der im Januar 2000 in der Zeitschrift BuB (Buch und Bibliothek) erschienen ist.

Trost im Glauben

Trost im Glauben? Den kann mir niemand anders vermitteln...

Religion als System von Glaubensformeln, Ritualen und Ämtern ist eine soziale Einrichtung, stellt das Individuum in eine Gemeinschaft, trägt es aber letztlich nicht.

In Grenzsituationen ist jeder einzelne mit seinem Gott allein, ganz weit draußen, so weit, dass es keinem anderen Menschen mehr mit-geteilt werden kann. Die persönliche Begegnung mit Gott ist nicht kommunizierbar. Allein die Vorstellung, dass andere dort draußen vielleicht dem gleichen Gott begegnen wie ich, könnte eine Glaubensgemeinschaft konstituieren, die über Konventionen hinausgeht.

Kirche und Israel

Erinnern Sie sich noch an die letzte Änderung des Grundgesetzes, den so genannten Asylkompromiss? Da gab es heftige Debatten und Diskussionen, Demonstrationen und ein großes Echo in den Medien...

Jetzt möchte unsere Landeskirche die Grundartikel der Kirchenordnung ändern – ein Vorgang, der weitaus weniger Aufsehen erregt, da die Ordnung der Rheinischen Kirche bei weitem nicht so bekannt und belangreich ist wie das Grundgesetz unseres Staates. Aber der Vorgang soll den Gemeindegliedern nicht vorenthalten werden und ist uns daher zwei Seiten in diesem „Gemeindefenster" wert.

Eine wichtige Einschätzung vorab: während es bei der Grundgesetzänderung zum Asylrecht um eine Einschränkung ging, um ein Errichten neuer Grenzen, geht es in der Kirchenordnung um eine Öffnung, den Abbau eines alten Vorbehalts. Folgender Satz soll neu in die Grundartikel aufgenommen werden:

„Sie (die Rheinische Kirche) bezeugt die Treue Gottes, der an der Erwählung seines Volkes Israel festhält. Mit Israel hofft sie auf einen neuen Himmel und neue Erde."

Klar dürfte schnell sein, dass es bei ,,Israel" nicht um den konkreten Staat Israel geht, der sich gerade jetzt um die vertragliche Sicherung eines friedlichen Zusammenlebens mit seinen arabischen und palästinensischen Nachbarn bemüht. Gemeint ist hier das Volk, mit dem Gott im Alten Testament seinen Bund geschlossen hat, einen Bund, der bis heute seine Gültigkeit behalten hat.

Für einige Irritation sorgt vielleicht der Begriff „Erwählung“, wenn er verstanden wird im Sinn von Bevorzugung oder Privilegierung. Gemeint ist aber, auch nach jüdischem Selbstverständnis, der Auftrag, „erfahrenen Segen weiterzugeben".

Von christlicher Seite ist das Bekenntnis beabsichtigt, dass durch Jesu Auftreten der Bund Gottes mit seinem Volk nicht hinfällig geworden ist, dass Gott Israel nicht um der Christen willen verstoßen hat.

Es scheint kein Zufall zu sein, dass eine solche Ergänzung gerade zu einer Zeit diskutiert wird, wo der 50. Jahrestag des Endes der Naziherrschaft Anlass bot, der grauenhaften Verbrechen zu gedenken, die in vermeintlich christlichen Ländern am jüdischen Volk verübt wurden. Aber es griffe zu kurz, den vorgeschlagenen Text nur als die Idee einiger alter Männer abzutun, die nun endlich ihr Gewissen gegenüber Israel entlasten möchten. Denn die jetzt vor der Verabschiedung stehende Änderung ist in der Tat das Ergebnis eines langen Diskussionsprozesses, der sich u. a. auf den Kirchentag 1961 in Berlin zurückführen lässt und in unserer Landeskirche mindestens seit der Synode von 1980 auf der Tagesordnung steht.

Bemerkenswert ist übrigens auch, dass der fragliche Abschnitt nicht in die Vergangenheit gerichtet ist, sondern sich der Zukunft zuwendet. Er spricht von der Hoffnung, die uns mit Israel verbindet, der Hoffnung auf einen neuen Himmel und eine neue Erde. Nicht Bitterkeit über Vergangenes beherrscht den Text, sondern die Zuversicht, dass Gott Neues schafft und die Bereitschaft, an dieser neuen Schöpfung mitzuarbeiten.

Die Landessynode will den Zusatz nur beschließen, wenn darüber in den Gemeinden und Kirchenkreisen große Übereinstimmung erzielt werden kann. Für Sterkrade lässt sich feststellen, dass die beiden Sätze nach eingehender Diskussion vom Ausschuss für Theologie und Gottesdienst und vom Presbyterium mit Zustimmung bedacht worden sind. Auch die Kreissynode Oberhausen hat sie sich mit großer Mehrheit zu eigen gemacht und darüber hinaus beschlossen, die Begegnung und das Gespräch mit der Jüdischen Gemeinde vor Ort zu suchen und zu pflegen, die Wurzeln unseres Glaubens deutlicher wahrzunehmen durch das Kennenlernen von jüdischer Frömmigkeit, Geschichte und Kultur sowie den kirchlichen Sprachgebrauch auf offenen oder versteckten Antijudaismus zu überprüfen und bei Bedarf zu korrigieren.

Jakob am Jabbok

Es ist eine alte Geschichte...

alt zunächst in Hinsicht auf die erzählte Handlung: eine Vätergeschichte, aber auch die Erzählung selbst ist alt, zumindest bestimmte Teile von ihr scheinen fast so alt wie das Ereignis selbst zu sein.

Ich möchte mich ihr in drei Anläufen nähern – jeder für sich ist gültig und doch können selbst alle drei zusammen den vollen Gehalt dieser Geschichte nicht ausschöpfen.

Es ist nicht ganz unumstritten – aber ich nehme zunächst nur in Anlehnung an Claus Westermann[1] die ältere Version ohne die erkennbaren späteren Zusätze:

> *Und er stand auf in jener Nacht nahm seine zwei Frauen und seine zwei Mägde und seine elf Kinder und überschritt die Furt des Jabbok.*
>
> *Er nahm sie und führte sie über den Fluss, auch all seine Habe brachte er hinüber.*
>
> *Jakob aber blieb allein zurück. Da rang ein Mann mit ihm, bis die Morgenröte anbrach. Als er merkte, dass er ihn nicht überwältigen konnte, berührte er seine Hüfte [...] und er sagte: ‚Lass mich los, die Morgenröte bricht an!‘ Er aber antwortete: ‚Ich lass dich nicht, es sei denn, du segnest mich.‘*
>
> *Und Jakob fragte ihn und sagte: ‚Gib mir doch deinen Namen kund!‘ Er aber sagte: ‚Warum fragst du nach meinem Namen?‘ Und er segnete ihn dort.*
>
> *Und Jakob [be-] nannte die Stätte [...]*

---

[1] Claus Westermann: Genesis. 2. Teilbd.: Gen. 12 – 36. Neukirchen-Vluyn 1981, S. 625.

Und es ging ihm die Sonne auf, als er an Pnuel vorüberzog; er hinkte aber an der Hüfte.

... der Jakobskampf am Jabbok, eine Geschichte aus dem Leben des Erzvaters Jakob. Deutlich ist folgendes:

es ist nachts, Jakob ist allein...

jemand ringt mit ihm – wer, das ist eine der großen Fragen.

Der Kampf dauert lange (bis in die Morgenröte) und ist mehr oder weniger unentschieden (was auch dadurch deutlich wird, dass man in seinem Verlauf kaum den Überblick hat, wer jeweils Subjekt bzw. aktiv ist);

unentschieden – aber nicht folgenlos, Jakob geht aus ihm hervor hinkend und gesegnet – er hat eine Gabe errungen und einen Schaden erlitten.

Also eine alte Episode aus einer der Vätergeschichten, der Held besteht eine Probe, überlebt einen nächtlichen Kampf gegen einen unheimlichen, unbekannten Gegner.

Der Erzähler stellt ihn nicht vor und der Fremde gibt auch auf Jakobs Frage hin seine Identität nicht preis – also haben die Ausleger immer wieder gerätselt, mit wem Jakob hier nun ringt. „Ein Mann" heißt es lakonisch und doch haben wir das Gefühl, dass es sich nicht um einen Menschen handelt. In diese Richtung deutet der Segen, auch der Name des Orts: Pnuel – Gesicht Gottes (und weitere Züge der Erzählung, die ich noch unterschlagen habe).

Vermessen erscheint die Vorstellung, dass Jakob mit Gott kämpfen sollte. Kann einer dem denn ebenbürtig sein und ihm einen Segen abringen? Ist es vielleicht nur einer seiner Boten, ein Engel? Bestimmte Züge weisen die Ausleger darauf hin, dass es sich hier um eine archaische Gottheit handelt, die vorisraelitische Züge trägt. Die Furcht vor der Morgenröte scheint auf ein nur nachts mächtiges Wesen zu deuten: hat Jakob hier mit einem Nachtgespenst, einem Flussdämon oder etwas ähnlichem gekämpft?

Lassen wir das noch offen – Ergebnis der ersten Runde: hier wird eine ganze alte Geschichte berichtet, wie der Erzvater Jakob einen Kampf gegen einen übermenschlichen Gegner besteht…

Die Frage nach dem Gegner lässt sich anders beantworten, wenn wir diese Episode in ihren Kontext stellen:

Jakob ist auf dem Weg zurück in die Heimat und befindet sich bei der Überschreitung des Jabbok unmittelbar vor der Begegnung mit seinem Bruder Esau. Diese Begegnung sieht er mit großem Bangen entgegen, denn in der Vergangenheit hat er seinen Bruder mehrfach übers Ohr gehauen bzw. über den Tisch gezogen: er hat ihm für ein Linsengericht das Erstgeburtsrecht abgekauft und sich den Segen seines Vaters Isaak erschlichen, indem er sich dem fast blinden Mann gegenüber als Esau ausgab. Er musste die Heimat verlassen, hat es in der Fremde (bei Laban) dann zu einer Familie und einigen Wohlstand gebracht, musste dafür aber eine Menge an Zeit und Arbeit investieren und weitere Erfahrungen mit Schlitzohrigkeit und Betrug machen. Wie wird ihm sein Bruder nach der langen Abwesenheit begegnen? Durch Kundschafter hat Jakob bereits erfahren, dass Esau ihm mit 400 Mann entgegenkommt. Das verheißt nichts Gutes. Jakob hat daher Vorsichtsmaßnahmen getroffen, seine Habe auf zwei Lager aufgeteilt in der Erwartung, seinen halben Besitz retten zu können, falls es tatsächlich zu einem Angriff kommt. Ferner schickt er nach und nach dem Esau Diener entgegen, die ihm Geschenke überreichen sollen, um ihn gnädiger zu stimmen. Trotz dieser Vorsichtsmaßnahmen fühlt sich Jakob nicht sicher und verbringt die letzte Nacht vor der Begegnung in großer Unruhe. Liegt es da nicht nahe, in dem nächtlichen Ringen einen inneren Kampf zu sehen, wo dem Jakob als Gegner sein ‚alter ego', sein schlechtes Gewissen gegenübertritt? Der Erzähler (meinetwegen „der Jahwist") hat eine Ahnung von diesem innerpsychischen Ringen, ihm fehlt aber die Begrifflichkeit, die uns heute zur Verfügung steht, so dass er diesen Konflikt in die Schilderung eines äußeren Kampfes kleidet. Hat er nicht einen Kampf beschrieben, den auch wir schon in mancher Nacht durchstehen mussten?

Jakob übersteht diese Krisensituation mit Anbruch des neuen Tages – auch hier hat der Erzähler ein schönes Bild gefunden:

Und es ging ihm die Sonne auf, als er an Pnuel vorüberzog, er hinkte aber an der Hüfte.

Die Dunkelheit ist überwunden, Jakob sieht seinen weiteren Weg vor sich – doch er geht ihn nicht unbeschwert, die Vergangenheit hinterlässt ihre Spuren...

Soweit diese zweite Runde – aber Jakob als archaischer Held, der Kämpfe mit finsteren Gegnern übersteht, oder Jakob als Prototyp des nächtlichen Ringers, der auf solchem Weg mit sich selbst ins Reine kommt – ist damit der ganze Gehalt dieser Geschichte aufgedeckt?

Die Sache mit dem Segen weist über das hinaus, was bisher erörtert wurde, und da ist noch mehr – deshalb nun die Fassung der Geschichte, so wie sie in der Bibel steht und von Generationen gläubiger Juden und Christen gelesen wurde:

Und er stand auf in jener Nacht, nahm seine zwei Frauen und seine zwei Mägde und seine elf Kinder und überschritt die Furt des Jabbok.

Er nahm sie und führte sie über den Fluss, auch all seine Habe brachte er hinüber.

Jakob aber blieb allein zurück. Da rang ein Mann mit ihm, bis die Morgenröte anbrach. Als er merkte, dass er ihn nicht überwältigen konnte, berührte er sein Hüftgelenk, so dass sich das Hüftgelenk Jakobs ausrenkte, als er mit ihm rang.

Und er sagte: ‚Lass mich los, die Morgenröte bricht an!'

Er aber antwortete: Ich lass dich nicht, es sei denn, du segnest mich.'

Dann fragte er ihn: ‚Wie heißt du?' Er antwortete: ‚Jakob,'

Er sagte: ‚Du sollst nicht mehr Jakob heißen, sondern Israel. denn du hast mit Gott und Menschen gerungen und obsiegt.'

Und Jakob fragte ihn und sagte: ‚Gib mir doch deinen Namen kund!' Er aber sagte: ‚Warum fragt du nach meinem Namen?' Und er segnete ihn dort.

Und Jakob nannte die Stätte Pniel, denn ‚ich habe Gott von Angesicht zu Angesicht gesehen und bin am Leben geblieben'.

Und es ging ihm die Sonne auf; als er an Pnuel vorüberzog; er hinkte aber an der Hüfte.

Gerade die Umbenennung stellt Jakob in den großen Gang der Geschichte des Volkes Gottes von seinen Urvätern bis zu den Gegenwärtigen. Der wiederholt gespendete Segen spielt dabei eine ebenso zentrale Rolle wie das Motiv des Ringens mit Gott. Dieses Ringen ist dann nicht mehr der körperliche Ringkampf, sondern in mancherlei übertragenem Sinne zu begreifen – da fallen mir ganz unterschiedliche Auseinandersetzungen ein: das Feilschen Abrahams um die Zahl der Gerechten in Sodom oder das Hadern Hiobs. Gott sucht die Menschen heim, er lässt ihnen nicht alles durchgehen – das merkt auch Jakob bei seinem schwierigen Übergang über den Jabbok – aber er steht zu seiner Segenszusage...

In der kurzen Geschichte von Jakob am Jabbok steckt stark konzentriert das Bild, das Israel von seiner Beziehung zu Gott hat: auch in der Finsternis, in den Krisensituationen ist Gott da als Gegenüber, nicht fern sondern zum Greifen nah (‚handgreiflich' wie in unserer Geschichte), ein Gott, der uns mitunter schwer prüfen kann, uns dabei aber nicht zugrunde-richtet, sondern immer von neuem auf-richtet und segnet.

Zum Kosovo-Einsatz der NATO

Ich habe den Beschluss der Vorlage auf der letzten Kreissynode (abgesehen von einigen nicht ganz ausgereiften Formulierungen) vorbehaltlos unterstützt und finde, dass wir mit unserer Forderung nach einem Ende des NATO-Luftkrieges im Grunde zu spät dran sind, weil sich diesem Appell inzwischen schon viele andere Gruppen angeschlossen haben, teilweise mit Argumenten, die ich kritisch hinterfragen möchte.

Fraglich erscheinen mir vor allem folgende Motive:

- der „saubere" Krieg: solange sich die Angriffe auf rein militärische Ziele beschränkt hätten, sei das ja in Ordnung gewesen, wo es nun aber immer mehr zivile Opfer und Angriffsziele gebe, könne man das nicht mehr mittragen... Dem liegt jedoch die irrige Vorstellung zugrunde, es sei unter heutigen Bedingungen ein Krieg ohne Auswirkungen auf die Zivilbevölkerung führbar. Das mag eventuell im Mittelalter gegolten haben, als sich irgendwelche Ritterheere auf einem Feld getroffen haben, angesichts der komplexen Infrastrukturen und der Interdependenzen heutiger sozialer Realität ist die Vorstellung vom „sauberen" Krieg jedoch eine Fiktion, die nicht anerkannt werden darf.

- der „erfolgreiche" Krieg: ein großer Teil der abnehmenden Zustimmung wird damit begründet, dass dieser Krieg sein erklärtes Ziel (Schutz der Kosovo-Albaner vor Vertreibung) offensichtlich nicht erreicht habe. Wenn das wirklich ein Argument wäre, würde das bedeuten, dass der Erfolg jedes Mittel heiligt: wer nur schnell und effektiv seine Kriegsziele erreicht, hatte auch das Recht anzugreifen. Das kann so nicht gelten, uns bleibt die grundsätzliche Frage nach der Berechtigung des Einsatzes von militärischer Gewalt nicht erspart!

- der „gerechte" Krieg: unser Grundgesetz verbietet in Artikel 26 (1) den Angriffskrieg und das aus gutem Grund (Lehren aus der Geschichte...).

So bleibt noch die Frage nach der Legitimität des Verteidigungskrieges. Es gab (in der Friedensbewegung der 70er und 80er Jahre durchaus noch hörbar vertreten) die Auffassung, dass auch der Verteidigungskrieg abzulehnen sei und dass einer militärischen Aggression nur durch zivilen Ungehorsam und gewaltfreien Widerstand zu begegnen sei. Dies kann man in der Tat in Frage stellen angesichts von Aggressoren, die in jedem Fall über Leichen gehen... (ob sich die Opfer nun mit oder ohne Waffe oder gar nicht wehren).

Aber ist das hier ein Verteidigungskrieg? Völkerrechtlich hat die NATO einen souveränen Staat angegriffen. Die Verteidigung der Menschenrechte oder vielleicht auch nur des bloßen Lebens einer bedrohten Minderheit kann als Motiv nur dann mit Recht geltend gemacht werden, wenn es dazu eine korrekte zwischenstaatliche Vereinbarung gegeben hätte (z.B. ein UNO-Mandat). Und selbst mit diesem wäre noch immer nicht garantiert gewesen, dass die militärische Lösung irgendeinen Vorteil gegenüber konsequenten diplomatischen Bemühungen gehabt hätte.

Da ich unseren christlichen Friedensauftrag nicht durch schiefe Argumente (wie die vom „sauberen“ oder „effektiven“ Krieg) aufweichen lassen möchte und auch nicht durch die Schaffung eines neuen „Faustrechts“ (Angriffskrieg unter Verletzung des Völkerrechts) grundsätzlich in Frage stellen lassen will, kann ich mich nur hinter den Beschluss unserer Synode stellen – aber dabei nicht das Bekenntnis verschweigen, dass man sich durch Nichtstun und Wegschauen natürlich nicht aus der Verantwortung entlassen kann und nicht aus der Schuld freikaufen, die durch alte und fortdauernde Versäumnisse über uns gekommen ist.

Am Ende des Kirchenjahres

A. Lied (I)

Ev. Gesangbuch, 652, 1 + 2

1. *Von guten Mächten treu und still umgeben,*
behütet und getröstet wunderbar,
so will ich diese Tage mit euch leben
und mit euch gehen in ein neues Jahr.

Ref.: Von guten Mächten wunderbar geborgen,
erwarten wir getrost, was kommen mag.
Gott ist mit uns am Abend und am Morgen
und ganz gewiss an jedem neuen Tag.

2. *Noch will das Alte unsre Herzen quälen,*
noch drückt uns böser Tage schwere Last.
Ach Herr, gib unsern aufgeschreckten Seelen
das Heil, das du für uns geschaffen hast.

Ref.: Von guten Mächten wunderbar geborgen,
erwarten wir getrost, was kommen mag.
Gott ist mit uns am Abend und am Morgen
und ganz gewiss an jedem neuen Tag.

(Dietrich Bonhoeffer)

B. Lesung (I)

Bei dieser Andacht hat mir Rainer Maria Rilke geholfen, zwei seiner Gedichte sollen am Anfang und am Ende stehen (und auch dazwischen möchte ich nicht viel eigene Worte machen).

Ich lebe mein Leben in wachsenden Ringen,
die sich über die Dinge zieh'n.
Ich werde den letzten vielleicht nicht vollbringen
aber versuchen will ich ihn.

Ich kreise um Gott, um den uralten Turm,
und ich kreise jahrtausendelang;
und ich weiß noch nicht: bin ich ein Falke, ein Sturm
oder ein großer Gesang.

(Rainer Maria Rilke, aus dem „Stundenbuch: Vom mönchischen Leben“)

Die Worte des Dichters sind keine theologischen Aussagen und auch nicht unbedingt solche, die ich mir zu eigen machen kann – sie sollen vielmehr wie auch das wunderbare Lied von Dietrich Bonhoeffer in uns etwas anklingen lassen.

C. Besinnung

„... ich kreise jahrtausendelang...“ – von Zeit soll die Rede sein, Endlichkeit und Ewigkeit und von zwei Bildern, mit denen wir sie uns vergegenwärtigen: die vielen Kreise und die unendliche Linie...

Wir befinden uns am Ende des Kirchenjahres, zwischen Toten- bzw. Ewigkeitssonntag und dem ersten Advent, mit dem das neue Kirchenjahr noch vor dem Kalenderjahr beginnt.

Tage und Jahre sind die wichtigsten natürlichen Maße für unsere Zeit. Die Erde kreist um sich selbst bzw. um die Sonne und erreicht in diesem Kreisen immer wieder gleiche Punkte – Tag und Nacht, Morgen und Abend – viele kleine Kreise münden in einen größeren: das Jahr, ganz gleich ob Sonnen-, Kirchen- oder Kalenderjahr, lebt von Wiederholungen: die Festtage, Jahreszeiten, all das kehrt wieder und gibt unserem Leben Ordnung und Sicherheit.

Jedes Ding hat seine Zeit

und

solange die Erde besteht, sollen nicht aufhören Aussaat und Ernte, Kälte und Hitze, Sommer und Winter, Tag und Nacht;

das ist uns zugesagt und gibt Orientierung und Halt, die Gewissheit, dass nicht nur am Ende jeder Nacht der neue Morgen steht, sondern dass auch nach der längsten Nacht und dem tiefsten Winter die Erde zu neuem Licht und Leben erwacht.

So gehen unsere Jahre dahin in vielen Kreisen und Ringen und doch ist unser Leben nur ein kleiner Punkt auf einer endlosen Geraden, „tausend Jahre vergehen vor Dir wie ein Tag..."

Der vergangene Feiertag, gewiss nicht zufällig der letzte im Kirchenjahr und in eine trübe und dunkle Zeit des Jahres gelegt, erinnert uns daran, dass unser irdisches Dasein endlich ist.

Herr lehre uns bedenken, dass wir sterben müssen, auf dass wir klug werden,

und

unser Leben währet siebzig Jahre, und wenn es hoch kommt sind es achtzig.

Gern möchten wir das vergessen und teilen unsere Sterblichkeit doch mit allen Geschöpfen...

Nur wer dem nicht ausweicht, kann die Größe der Hoffnung ermessen!

Denn wie der Kreis des Jahres sich wendet, auf die längste Nacht wieder das Frühjahr folgt, so beginnt nach dem Ewigkeitssonntag auch das Kirchenjahr erneut – mit dem Advent, der Ankündigung der Ankunft dessen, der für uns den Tod überwunden hat. Wir entzünden Lichter – im Gedenken an die Toten und in Erwartung des kommenden Herrn. Sie sind uns nahe in dieser Zeit, machen unsere Sinne und Seelen empfänglich für die Zusage: „Auch ihr seid eingeschrieben in das Buch des Lebens" – das sei uns Trost in dunklen Stunden und Gewissheit für jeden neuen Tag!

D. Lesung (II)

Ich liebe meines Wesens Dunkelstunden,
in welchen meine Sinne sich vertiefen!
In ihnen hab ich, wie in alten Briefen,
mein täglich Leben schon gelebt gefunden
und wie Legende weit und überwunden.

Aus ihnen kommt mir Wissen, daß ich Raum
zu einem zweiten zeitlos breiten Leben habe.
Und manchmal bin ich wie der Baum,
der, reif und rauschend, über einem Grabe
den Traum erfüllt, den der vergangne Knabe
(...)
verlor in Traurigkeiten und Gesängen.

(Gleichfalls aus dem „Stundenbuch")

E. Lied (II)

Ev. Gesangbuch, 652, 5 – 6

5. *Lass warm und hell die Kerzen heute flammen,*
die du in unsre Dunkelheit gebracht,
führ, wenn sein kann, wieder uns zusammen.
Wir wissen es, dein Licht scheint in der Nacht.

Ref.: Von guten Mächten wunderbar geborgen,
erwarten wir getrost, was kommen mag.
Gott ist mit uns am Abend und am Morgen
und ganz gewiss an jedem neuen Tag.

6. Wenn sich die Stille nun tief um uns breitet,
so lass uns hören jenen vollen Klang
der Welt, die unsichtbar sich um uns weitet,
all deiner Kinder hohen Lobgesang.

Ref.: Von guten Mächten wunderbar geborgen,
erwarten wir getrost, was kommen mag.
Gott ist mit uns am Abend und am Morgen
und ganz gewiss an jedem neuen Tag.

(Dietrich Bonhoeffer)

Bileam

Und der Engel des Herrn
trat mir in den Weg
Ich weiß nicht wie oft
Jeder Esel hat's gemerkt
meine Sicht von Panik getrübt

Die kasachische Therapeutin
bat mich um Worte
gab ihm Konturen
und legte mir Namen
für ihn in den Mund

Auf der Fähre von Klaipeda
am Kai von Juodkrante
(über den Wolken allzumal):
der Atem ward freier
und weiter der Blick

Doch die wahre Begegnung
erst die in der Stille
Bileam warst du mir
und ich dir Gott
inmitten von Engeln...

Pilatus

Eine biblische Gestalt, zu der ich ambivalente Gefühle habe...

Er kommt in einem zentralen Text unseres Glaubens vor, ohne selbst Glaubender oder Ziel des Glaubens zu sein:

Im Glaubensbekenntnis heißt es: „gelitten unter Pontius Pilatus".

Hat Christus persönlich unter ihm gelitten oder ist das nur eine Zeitangabe etwa wie „als Cyrenius Landpfleger in Syrien war..."?

Es geht hier nicht um die historische Person Pontius Pilatus, die sich aus verschiedenen Quellen gewiss anders charakterisieren ließe als über die Berichte der Evangelien.

Es geht auch nicht um die Motive der Evangelisten, die Pilatus möglicher Weise positiver dargestellt haben, um die Hauptschuld an Jesu Tod der jüdischen Führung zu geben.

Die Texte der Evangelien – der umfangreichste Bericht ist der von Johannes – setze ich voraus.

Ihre Essenz ist: Pilatus verurteilt Jesus zum Tode obwohl er es nicht will.

Das enthält seine Schuld und die mildernden Umstände, die ihn auch bei mir in ein gnädiges Licht rücken.

Seine positiven Seiten sind vor allem: ein Sinn für Gerechtigkeit und ein Gespür für das Besondere an Jesus.

Er erkennt die Unschuld des Angeklagten, weil er die Motive der Kläger durchschaut und aus der Befragung Jesu entnimmt, dass dieser nichts Arges im Sinn hat.

Zudem empfindet er einen Hauch des Göttlichen. Dass er kein reiner Machtmensch oder Bürokrat ist, sondern auch für diese andere Dimension offen ist, bezeugt auch der Brief, den ihm seine Frau schicken lässt über ihre nächtlichen Träume...

Also möchte er Jesus nicht verurteilen und sucht Auswege:

- die Schwere seines Vergehens anzweifeln,
- die Zuständigkeit für das Verfahren abgeben (Überstellung an Herodes)
- das kleinere Übel versuchen: Geißelung Jesu um ihn nicht töten zu müssen
- einen Gefangenen freigeben (wo jedoch Barrabas verlangt wird – wobei das was die Menge ruft, ja nicht immer ihr wahrer Wunsch sein muss...)

All diese Versuche misslingen jedoch, und einfach freilassen kann er ihn auch nicht, weil die jüdische Führung ihm droht, ihn dann beim Kaiser anzuschwärzen. Dass er ihn also dennoch hinrichten lässt, offenbart seine Schwächen:

- er kann sich nicht wirklich zu Jesus bekennen (bzw. auf ihn einlassen)
- er ist zu besorgt um sich selbst

Seine beiden stärksten Szenen zeugen gleichzeitig von diesen Schwächen:

Die Frage „Was ist Wahrheit?“ ist eines Philosophen würdig – hält ihn aber davon ab, eindeutig Partei zu ergreifen und sich zu bekennen.

Das Waschen der eigenen Hände in Unschuld zeugt von der mangelnden Bereitschaft, zu seinen Taten bzw. Versäumnissen zu stehen und die Folgen zu tragen.

Dass ich dennoch dazu neige, Pilatus mit Nachsicht zu behandeln, liegt gewiss daran, dass mir seine Schwächen nicht fremd sind. Gibt es nicht genug Situationen, wo ich mich nicht zu meinem Christ-Sein bekenne oder nicht so handele, wie es meinem Glauben gemäß wäre? Und ist es nicht oft genug die Sorge um Ansehen, Karriere und unser weltliches Wohlergehen, die uns davon abhält, einem Impuls aus den eigenen Innern zu folgen und Partei zu ergreifen für die Bedrohten und Benachteiligten?

Fürbittengebet

Wir bitten dich für alle,
die aus ihrem sicheren Hafen gerissen wurden,
weil sie einen nahen Menschen,
ihre Heimat,
ihre Lebensmitte verloren haben,
lass sie nicht auf Irrfahrt gehen
sondern sich bald wieder finden
und festen Boden unter die Füße bekommen.

Wir bitten dich für alle,
denen das Wasser bis zum Halse steht,
die nicht wissen
wie sie den nächsten Tag überstehen sollen,
lass sie nicht untergehen
sondern Halt finden und Hilfe erfahren.

Wir bitten dich für alle,
denen der Wind ins Gesicht bläst,
weil ihr Weg ein anderer ist
als der Kurs der Mächtigen
oder der Strom der Zeit,
stärke ihnen den Rücken,
dass sie sich nicht verbiegen müssen.

Wir bitten dich für alle,
die zu neuen Ufern aufgebrochen sind
das unbekannte Land hinter dem Horizont zu suchen,
lass sie nicht mit leeren Händen zurückkehren,
sondern lass sie offene Ohren finden
wenn sie von ihren Entdeckungen berichten.

Wir bitten dich für uns als deine Kirche:
gib uns immer wieder neu die Gewissheit
dass wir nicht nur in deinem Namen,
sondern jeden Tag mit dir selbst unterwegs sind,
lass uns daraus Zuversicht schöpfen
auch in schwierigen Zeiten.

Bücherecke

Karl-Josef Kuschel: Gottes grausamer Spaß? Heinrich Heines Leben mit der Katastrophe.

Düsseldorf: Patmos-Verlag, 2002. 598 S. – ISBN 3-491-70350-6.

Heinrich Heine wurde 1797 als Sohn jüdischer Eltern geboren, 1826 trat er durch die Taufe zum protestantischen Glauben über, 1841 ließ er sich mit seiner Pariser Lebensgefährtin von einem katholischen Priester trauen.

Andererseits ist er vielen als Skeptiker und Spötter bekannt („den Himmel überlassen wir den Engeln und den Spatzen"), der als Schüler von Hegel und zeitweiliger Gefährte von Karl Marx wenig vom Jenseitsglauben hielt oder der als Verehrer klassischer Schönheitsideale und Befürworter irdischer Genüsse eher den alten griechischen Göttern und Göttinnen huldigte als dem Schmerzensmann aus Nazareth.

Die letzten Jahre zeigen allerdings einen in vielerlei Hinsicht desillusionierten und gleichzeitig gereiften Heine. Das Scheitern der Revolution von 1848 und seine nahezu gleichzeitig einsetzende Leidenszeit in der sogenannten „Matratzengruft" bringen ihn zurück in den Dialog mit Gott – aber nicht „in den Schoß der Kirche". Es ist der „Gott der Väter", mit dem Heine in den langen, oft schlaflosen Nächten hadert und ringt, ihm gegenüber die Rollen von Hiob und Lazarus einnimmt, was in seinen Briefen und späten Gedichten an vielen Stellen nachzulesen ist.

Der Tübinger Theologe Karl-Josef Kuschel, der schon in der Vergangenheit gern über den Horizont seines Faches hinaus geblickt hat, widmet Heines Auseinandersetzung mit Gott eine sehr eindringliche Studie, in deren Verlauf immer wieder der Dichter selbst und seine Besucher zu Wort kommen – aber auch verwandte Texte aus dem Alten Testament anklingen (besonders aus den Psalmen, den Klageliedern Jeremias und dem Buch Hiob). Das ist kein leichtes Buch, handelt es doch von einem, der mit Gott ringt und im wahrsten Sinne des Wortes um sein Leben schreibt, der fast blind und weitgehend gelähmt, von Krämpfen geschüttelt und durch Morphium zur Ruhe gebracht ein Spätwerk schafft, das in vielen Tonlagen und aus verschiedenen Blickwinkeln immer wieder die alte Frage stellt: „Wie kann Gott das zulassen?" – und das nicht nur bezogen auf die eigene Misere sondern es auch gefragt in Solidarität mit den Gequälten und Verfolgten in Geschichte und Gegenwart.

Meditation »Verschlossenes Gefäß«

„Du salbest mein Haupt mit Öl und schenkest mir voll ein."

So wie der Psalmbeter die überströmende Liebe und Güte Gottes empfunden hat,
so versuchte auch die unbekannte Frau in unserer Geschichte zu handeln

Wie weit entfernt von ihr fühle ich mich...

Liebe und Güte aus vollem Herzen,
mit vollen Händen weitergeben –
Habe ich das je gekonnt?

Und falls ja –
wann und wodurch habe ich es verlernt?

Alltag und Routine,
bewährte Muster und feste Regeln,
Enttäuschungen und Verhärtungen,
Gewinn- und Verlustrechnungen,
all das lässt die Quelle versiegen
und mehr noch die Angst:
die Beschenkten könnten meine Gabe nicht annehmen
oder sie nicht zu schätzen wissen,
in den Augen der anderen könnte ich als Verschwender,
als unüberlegt Handelnder gelten,
mir eine Blöße geben...

Ich fühle mich wie ein verschlossenes Gefäß

Guter Wein soll kostbarer werden
wenn man ihn lagert –
öffnet man ihn jedoch zu spät,
ist er verdorben und alles Warten umsonst...

Ich will mich nicht auf immer verschließen
Gott hilf mir mich öffnen und ein Segen sein...

Verheißungsvoller Augenblick

Ich möchte mich dem Themenkomplex „Verheißung, Offenbarung und Prophezeiung" mit Hilfe von zwei Gedichten nähern...

Augenblick

gerafft in nur einer
sekunde offenbart sich
ein ganzes jahrzehnt
deines künftigen lebens

blitzschein erhellt
eine strecke des weges
der jenseits von morgen
im dunkel verläuft

du kannst es so schnell
ja gar nicht begreifen
und wendest den blick:
sie ist schon vorüber

zurück behältst du
nicht mehr als ein ahnen
das im laufe von jahren
sich in gewissheit verwandelt

Wen spricht das an? Gibt es in deinem – in meinem Leben ähnliche Momente, wo mitten in der Gegenwart Zukünftiges aufblitzt, etwas aufscheint von dem, wie es werden könnte? Wo die sichtbare Welt durchlässig wird für ein Künftiges, das eigentlich noch unsichtbar ist, aber auf merkwürdige Weise zu wirken beginnt?

Dieses Gedicht hebt ab auf das Punktuelle solchen Geschehens – es ist vorüber, bevor es sich vom Verstand voll erfassen lässt, aber etwas ist hängen geblieben (im Herzen, in der Seele?) und es wächst...

Die Bibel ist voll von Texten, die über Visionen, Verheißungen und Schauen von Zukünftigem berichten. Viele dieser Texte gehen dabei in die Breite, malen Details aus, wollen den Lesern das Geschaute möglichst plastisch vor Augen entfalten. Als bekanntesten Vertreter dieser Gattung würde ich die Offenbarung des Johannes bezeichnen.

Darin sehe ich gestalterische Arbeit, ein Ausmalen, das Resultat menschlicher Bemühungen, andere an dem Geschauten teilhaben zu lassen.

Ich bin jedoch der Meinung, dass die geschenkten Momente der Offenbarung, die uns von außen, unerwartet trifft, kurz sind, wie ein Blitz – vielleicht sogar aus heiterem Himmel... Die prophetische Rede ist alle Mal länger als die prophetische Schau – die ist nach einem Augenblick meist schon wieder vorüber.

Augenblick heißt das Gedicht, und das auslösende Moment kann in der Tat ein Blick in ein Paar andere Augen sein, aber auch ein Wort, das uns unerwartet anspricht, ein Bild, ein Ton, ein äußerer Reiz, der zu einem Moment innerer Klarheit führt – plötzlich erschließen sich neue Zusammenhänge und wir sehen die Welt mit anderen Augen...

Der Augenblick – manchmal meine ich, dass das, was wir „Liebe auf den ersten Blick" nennen, nicht viel anderes darstellt als die plötzlich intuitiv erfasste Gewissheit, dass diese andere Person uns künftig noch viel bedeuten wird, dass da ein gemeinsamer Weg vor uns liegt...

Und um im Bild zu bleiben: wen es einmal erwischt hat, dessen Ruhe ist dahin...

Der spürt nun schmerzhaft die Diskrepanz zwischen dem, was jetzt ist und dem, was kommen kann, dem was sein wird. Wobei es nicht kommen *muss* und auf jeden Fall sein wird: ich kann Chancen auch ungenutzt lassen, zukünftiges Glück verspielen, weil ich im entscheidenden Moment nicht handele, nicht die Initiative ergreife, die notwendigen Schritte nicht gehe – theologisch gesprochen den Kairos verpasse.

Wer aber wirklich getroffen ist, wird sich bemühen, das Geschaute Wirklichkeit werden zu lassen, wird keine Ruhe geben und keinen Aufwand sparen, für sein persönliches Glück oder das gesellschaftliche Wohl zu arbeiten und wird dabei viele nerven, die seine Vision nicht teilen, an der Verheißung keinen Anteil haben und alles eher für Spinnerei oder Träumerei halten.

verheißen...

ihn unablässig einklagen
diesen Überhang an Verheißung
nächtelang ringen
mit dem Ungenannten
„Sage doch, wie heißest du?"

und tagsüber hadern
mit allem und jedem
der nichts dazu beiträgt
die Vision zu erfüllen

müsstest allmählich
vernünftig werden
an Reife gewinnen

und loslassen lernen
doch verbissen beharrst Du

auf dem Recht jener einen
Offenbarungssekunde

mag der Hahn auch krähen
zum dritten Mal –
„ich lasse Dich nicht
Du segnest mich denn...“

So einer kann uns auf den Geist gehen, provozieren und irritieren, anecken bei allen, die ihre Ruhe haben wollen, die schon resigniert haben, die es gut finden so wie es ist, weil sie ihr Auskommen oder gar ihre Privilegien haben.

Manchmal wird solchen Narrenfreiheit gewährt oder man versucht, sie „zur Vernunft" zu bringen; in anderen Fällen geht es ihnen aber an Leib und Leben. Die Träumer, die Mahner, die Ketzer und Propheten, oft genug hält man für sie Scheiterhaufen oder Gruben bereit (Josef der Träumer oder Daniel, der als einziger die Schrift an der Wand lesen konnte ... treffen sich dort mit vielen anderen). Und doch, sie sind es zumeist, die Recht behalten, ihrer wird gedacht und nicht der Kleingeister, die nur glauben was sie sehen.

Wir sollten uns deshalb nicht entmutigen lassen, zu unseren Träumen stehen – sofern wir uns selbst ihrer sicher sind. Wer sich durch die Flut der Bilder und die vielen lauten Töne seine Sinne nicht verwirren ließ, wird die Momente großer Klarheit sehr wohl zu scheiden wissen von den tausend Täuschungen...

Uns – jeder / jedem einzelnen und als Gremium – wünsche ich, dass wir weiterhin Träume haben und uns Offenbarung widerfährt und dass wir nicht müde werden, für ihre Verwirklichung zu arbeiten...

Wunder stehen nicht auf dem Programm

Gleichnisse stehen nicht nur in der Bibel. Vielleicht ist das für viele gar keine neue Erkenntnis sondern eher ein alter Hut. Ich hatte jedenfalls vor kurzem beim Lesen eines Romans ein Aha-Erlebnis, als mir folgender Text begegnete:

> *Es war wie das Stimmen eines großen Orchesters, bevor das Konzert beginnt. Manchmal entsteht dann (...) ein diffuser, aber wunderbarer Orchesterklang, der alles zu übertreffen scheint, was es danach an strukturiertem Klang zu hören gibt. Oft habe ich gedacht, dass ich dieses Stimmen in eine Komposition einfangen möchte, aber, genau betrachtet, ist das unmöglich. Es ist gerade das vollendet Zufällige, diese einsame Oboe, die ihr A bläst, und all die Instrumente, die dann vor sich hin spielen, die diesen einen Moment hervorrufen, wenn sich alles auf einmal zu einem Akkord verdichtet, auf den man selbst nie gekommen wäre.*
>
> (aus Maarten 't Hart: Das Wüten der ganzen Welt.)

Das Bild dürfte allen, die ein klassisches Orchesterkonzert besucht haben, gewiss nicht unbekannt sein. Zunächst ist die Bühne leer, dann kommen die Musiker/innen mit ihren Instrumenten, nehmen ihre Plätze ein, ordnen ihre Notenblätter und beginnen, ihre Instrumente zu stimmen und einen aufeinander abgestimmten Klangkörper zu bilden. Oft ergreift jemand aus dem Orchester die Initiative, die erste Geige oder ein anderes Instrument und gibt einen Ton vor, an dem sich die anderen orientieren. Und bei diesem Aufeinander-Einstimmen kann es in der Tat ein überraschendes Klangerlebnis geben, das uns unerwartet beschenkt...

Dies als Gleichnis für unser Leben genommen kann bedeuten: mitunter werden wir unerwartet mit einem wunderbaren Moment beschenkt, der eine Erleuchtung, Offenbarung oder gar ein kleines Wunder für uns sein kann. Diese beglückenden Augenblicke stehen allerdings nicht auf dem Programm: bei einem Konzert stehen dort Sonaten, Sinfonien und andere mehr oder weniger bekannte Stücke, aber nie das Stimmen der Instrumente – ebenso wenig wie in unserem Terminkalender Wunder oder Glücksmomente stehen. Wer nur nach Plan und Terminvorgaben lebt, ist in der Gefahr, solche kleinen Momente zu verpassen, weil sie unerwartet daher kommen. Was ich auf dem Programm stehen habe und somit erwarte, wird an meinen Erwartungen gemessen – es kann sie enttäuschen, übertreffen oder zu ihnen passen, aber letztlich kein Wunder sein.

Und diese kleinen Wunder sind Geschenke: Ich habe sie nicht bestellt und nicht für sie bezahlt. Bei diesen kleinen Überraschungsgeschenken ist es natürlich immer möglich, dass ich sie gar nicht zu würdigen weiß, weil ich mitunter gar nicht auf die Idee komme, dass sie für mich bestimmt sein könnten. Das Stimmen der Instrumente lässt man eher über sich ergehen, vielleicht ist es eher eine Art Lärm und häufig als dissonant empfunden – aber auch wer sich darauf einlässt und ein offenes Ohr hat, wird nicht in jedem Fall dieses wunderbare Erlebnis haben – es kann nicht garantiert werden.

Diese kleinen Momente außerhalb des Programms sind nicht planbar und nicht wiederholbar: mithin sind sie nicht verfügbar. Der des Komponierens fähige Konzertbesucher im Roman merkt, dass er das Wunder nicht machen kann, denn gerade aus der Absichtslosigkeit der vor sich hin spielenden Instrumente resultiert der beglückende Moment.

Wie heißt es bei Lao-Tse schon im Tao-te-King: *„der Zupackende verliert es“* – nicht die Macher-Qualitäten sind gefragt, sondern man muss auch in der Lage sein, sich wie ein Kind beschenken zu lassen, schade, wenn wir das schon verlernt hätten...

Gedanken zu Jakobus 5, 13-16

Nach längerer „Abstinenz“ zwei Sitzungen nacheinander zu leiten, ist für den stellvertretenden Vorsitzenden schon eine gewisse Herausforderung. Ein besonderer Angang ist dabei für mich als Laien immer noch die Andacht.

Vielleicht ist es in dieser Situation erlaubt, auf einen Text zu sprechen zu kommen, der mich in einem anderen Zusammenhang ohnehin beschäftigt.

Ein Text, mit dem ich noch nicht im Reinen bin, deshalb gibt es heute keine Antworten und Gewissheiten sondern Fragen und Zweifel.

Die Salbungsgruppe kennt seit langem Jakobus 5, Vers 14, der quasi als Motto zu den Lesungstexten ihrer Gottesdienste gehört. Der Vers steht in folgendem Kontext:

> *13 Leidet jemand unter euch, der bete; ist jemand guten Mutes, der singe Psalmen.*
> *14 Ist jemand unter euch krank, der rufe zu sich die Ältesten der Gemeinde, dass sie über ihm beten und ihn salben mit Öl in dem Namen des Herrn.*
> *15 Und das Gebet des Glaubens wird dem Kranken helfen, und der Herr wird ihn aufrichten; und wenn er Sünden getan hat, wird ihm vergeben werden.*
> *16 Bekennt also einander eure Sünden und betet füreinander, dass ihr gesund werdet. Des Gerechten Gebet vermag viel, wenn es ernstlich ist.*

Ich habe drei Punkte, an denen mich dieser Text verstört, vielleicht ist es aber nicht nur „geteiltes Leid” wenn ich diese jetzt mitteile sondern eventuell auch produktiv und hilfreich, diese Fragen in den Raum zu stellen.

Als erstes verspüre ich durch Vers 14 eine Anfrage an mein Amtsverständnis als Presbyter.
Hausbesuche machen, dort mit Menschen beten, sie salben und ggf. zu ihrer Heilung beitragen, gehört das auch zu den Aufgaben der Gemeindeleitung?
Mir scheint, dass wir hier in erster Linie beraten und beschließen – aber helfen und heilen?
Gibt es einen diakonischen Auftrag des Presbyteriums?

Man kann sich vielleicht damit heraus mogeln, dass man auf die anderen Verhältnisse in der Urgemeinde verweist: damals gab es noch keine Spezialisierung und Professionalisierung: keine Pfarrer oder Gemeindeschwestern, jede(r) brachte sich nach seinen/ihren Möglichkeiten ein, vielleicht hatten die Ältesten ein besonderes Charisma für das Heilen...

Damit werde ich diese Anfrage des Textes für mich aber nicht los. Gibt es eine Erwartung, die ich in meinem Presbyteramt nicht einlöse? Ist meine Mitarbeit in der Salbungsgruppe vielleicht ein Versuch, auf eine solche Anfrage zu antworten?

Zum zweiten habe ich ein Problem mit der „Vergesellschaftung" von Gebet, Bekenntnis und Vergebung. Wieder die zunächst die Urgemeinde: sie war eine kleine, überschaubare Gemeinschaft mit einem hohen Zusammengehörigkeitsgefühl. Aber wie ist das heute in der Massengesellschaft mit Individualität und Anonymität und der Privatsphäre als Antwort darauf? Selbst hier in dieser Runde, der ich schon viele Jahre angehöre, wüsste ich nicht ohne weiteres, welche Fürbitten für die jeweils einzelnen hilfreich wären.
Und sind das nicht auch sehr persönliche Dinge, die man mit Gott allein ausmacht?

Ich empfinde grundsätzlich ein Unbehagen gegen zu weit gehende Ansprüche von Gruppen und Gemeinschaften, die den Einzelnen bevormunden oder vereinnahmen wollen. Gerade in Zusammenhang mit dieser Bibelstelle kommt mir immer eine autobiographisch anmutende Geschichte in den Sinn, die Maarten 't Hart in seinem Roman „Ein Schwarm Regenbrachvögel" erzählt: zwei Gemeindeälteste besuchen die todkranke Mutter des Erzählers, beten mit ihr oder für sie und kommen auch auf ihre Sünden zu sprechen. Das bringt den Protagonisten so sehr in Rage, dass er die beiden aus dem Haus prügelt und einen von ihnen im Anschluss noch in den Kanal wirft. Ich bin zwar gewaltsamen Lösungen abgeneigt, kann aber den Impuls des Erzählers nachvollziehen, der doch wohl vor allem von dem Reizwort „Sünde" ausgelöst wird.

Damit wären wir bei meiner dritten Anfrage an den Text. Welche Sünden hätten wir voreinander zu bekennen? Wenn ich noch einmal diesen Kreis als Kontrollgruppe nehme: welche Sünden könnte / müsste ich hier bekennen?

Am Platz wäre heute vielleicht die Bitte um Entschuldigung dafür, dass ich nach der langen Winterpause etwas zu leichtfertig und unvorbereitet in die letzte Sitzung gegangen bin, was zu zwei vertagten Punkten und einigen weitschweifigen aber wenig zielführenden Wortwechseln führte.

Das ist vielleicht ein Versäumnis, aber doch keine Sünde!

Oder ist dieses Wort im Laufe der Geschichte mit zu vielen negativen Assoziationen überfrachtet worden?

Für die Salbungsgruppe war es hilfreich, den Text in anderen Übersetzungen zu hören, die ohne diesen Begriff auskommen – am weitesten geht dabei wohl die Volxbibel; bei ihr lautet der letzte Vers:

> 16 *Darum ist es eine gute Idee, wenn ihr auch vor den anderen euren Mist bekennt, damit ihr gesund werdet. Gebete von jemandem, der sein Leben mit Gott in Ordnung gebracht hat, haben eine große Auswirkung.*

Das klingt doch ein wenig entspannter (befreiend geradezu) - oder ist das schon wieder zu locker?

Erspart man sich auf diese Weise nicht viel von der Tiefe und Schwere, die der alte Text uns zumutet?

Ist Vergebung so leicht zu haben und kann sie dann wirklich Heilung bewirken?

Wie eingangs gesagt, ich wollte Fragen stellen...

Nach Antworten suche ich noch.

Die Perle der Gelassenheit

Lied: EG 663, 1 + 3

Wie Wind und Weite...
blau
wie die Weite des Meeres
wie ein Himmel ohne Wolken

ist die Perle der Gelassenheit

angesichts dieser Weite wird alles klein und belanglos
was unser Ich gefangen nimmt und hält

Erfolgszwang
Leistungsdruck
Reiß dich zusammen!

Niemand auf die Füße treten
Keinen Anlass zur Kritik bieten
Nimm dich in Acht!

Gesundheit, Beliebtheit
um jeden Preis!

mit diesem irdischen Maß werden wir von Gott nicht gemessen
solche Ansprüche stellt Jesus nicht an uns

vielmehr hat er in der Bergpredigt nicht nur viele Hinweise gegeben, wie wir uns in der Welt aktiv verhalten sollen, sondern auch gesagt:

> 25 *Sorgt nicht um euer Leben, was ihr essen und trinken werdet; auch nicht um euren Leib, was ihr anziehen werdet. Ist nicht das Leben mehr als die Nahrung und der Leib mehr als die Kleidung?*

26 Seht die Vögel unter dem Himmel an: sie säen nicht, sie ernten nicht, sie sammeln nicht in die Scheunen; und euer himmlischer Vater ernährt sie doch. Seid ihr denn nicht viel mehr als sie?

27 Wer ist unter euch, der seines Lebens Länge eine Spanne zusetzen könnte, wie sehr er sich auch darum sorgt?

Gelassenheit hängt mit „lassen" zusammen, loslassen, sein lassen...

Viel zu oft fragen wir: „Was kann ich tun, was muss ich leisten?"

Warum nicht auch: „Was kann ich, was darf ich lassen?"
Etwas auch mal gut sein lassen,
Dinge einfach so stehen lassen,
eine Frage auch mal offen lassen...

Am Ende:

Bevor wir die Perlenbänder wieder einsammeln, wollen wir noch einen Blick werfen auf die blaue Perle der Gelassenheit ... hat sie mir im Verlauf dieser Sitzung schon geholfen?

Ich möchte zum Abschluss gern noch anmerken, dass Gelassenheit nicht zu verwechseln ist mit Gleichgültigkeit.

Mitunter gibt es die Neigung, dies zu vermengen und für eine Haltung zu werben wie:

Tauche ein in das große Meer, schwimme mit in dem großen Strom, ecke nirgends an, tue keinem weh...
Lass es fließen, alles wird gut...
Der Herr hat es gegeben – der Herr hat es genommen – 's ist schon o.k.

Nein, mein Leben, dein Leben ist zu einzigartig, um es einfach geschehen oder von andern bestimmen zu lassen,
die Schöpfung ist zu wertvoll, um sie von andern zumüllen oder aufbrauchen zu lassen,
wenn uns Unrecht nicht störte und Not nicht anrührte, säßen wir wahrscheinlich nicht hier...

Dort wo wir Stellung nehmen, Position beziehen, werden wir vielleicht doch anecken, wird es Reibungen geben, Auseinandersetzungen, Verletzungen und Niederlagen – die Gelassenheit jedoch soll uns davor bewahren, dadurch Schaden zu nehmen an unserer Seele:

gehet nicht auf in den Sorgen dieser Welt...

das hätte ich gern zum Abschluss gesungen – aber die Strophe mit diesem Text habe ich in unserem Gesangbuch gar nicht gefunden,

daher möchte ich mit einem Gebet schließen, das gewiss den meisten nicht unbekannt ist:

Gott gebe mir die Gelassenheit,
Dinge hinzunehmen, die ich nicht ändern kann,
den Mut,
Dinge zu ändern, die ich ändern kann,
und die Weisheit,
das eine vom anderen zu unterscheiden.

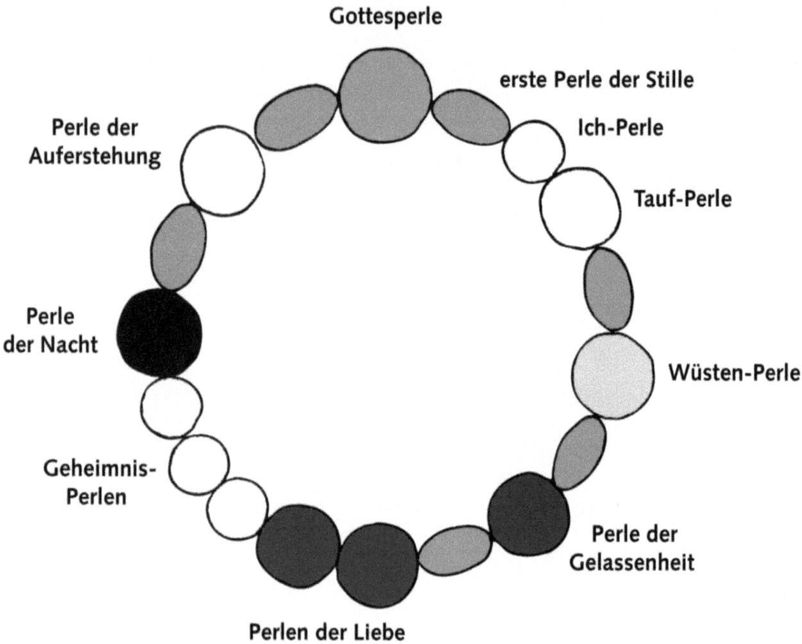

Abb. aus: Perlen des Glauben, zur Einübung in christliche Spiritualität, Hrsg.: Amt für Öffentlichkeitsarbeit der Nordelbischen Ev.-Luth. Kirche, Hamburg, 4. Auflage 2007.

Die Perlen der Stille

Die Perlen der Stille unterscheiden sich von den anderen;
sie sind kleiner, von der Form her unscheinbarer,
nicht so kugelrund und von unspektakulärer Farbe,
braun, ocker, ein wenig wie Sand,
wie Wüste, wo sonst nichts ist,
ein bewusster Kontrast zu den großen Perlen
mit ihrer je besonderen Bedeutung.

Es wäre nicht dasselbe,
wenn das Perlenband statt dieser sechs kleinen
vielleicht ein oder zwei große kugelrunde Perlen der Stille
enthielte;
dann würden die Unterbrechungen fehlen,
die erst den besonderen Charakter der anderen Perlen betonen,
und die Kette eine Folge gleichförmiger Glieder bilden.

Die Unterbrechung,
der Wüstentag, die scheinbare Unscheinbarkeit
lädt uns ein, gibt uns die Chance
aus dem Kreislauf, aus dem Wettlauf
herauszutreten und innezuhalten.

Das scheint in unserer Zeit, die von einer massiven
Beschleunigung
und der daraus resultierenden Kurzlebigkeit vieler Dinge geprägt
wird,
immer wichtiger zu werden.

Trotzdem rief die Königin dauernd: „Schneller! Schneller“.
Aber Alice konnte einfach nicht schneller...
Doch das Seltsamste an der ganzen Sache war, dass die Bäume und alles andere um sie herum dort blieben, wo sie waren – sie kamen nie an etwas vorbei (...).

„Also bei uns – in unserem Land", Alice war noch ziemlich außer Atem, „kommt man woandershin – ich meine, wenn man so schnell läuft – wie wir eben."
„Was für ein seltsames Land", erwiderte die Königin. „Bei uns, verstehst du, muss man laufen, was man kann, nur um auf der Stelle zu bleiben."

(Aus „Alice im Wunderland")

Man kann es kaum besser ausdrücken...
Unsere Gesellschaft befindet sich in einer Art Geschwindigkeitsrausch und kommt doch nicht vom Fleck...

Der Jenaer Soziologe Hartmut Rosa hat in einer umfangreichen Studie im letzten Jahr die Auswirkungen der zunehmenden Beschleunigung auf die Gesellschaft analysiert. Paradoxerweise führe dies nicht zu neuer Dynamik – wie uns Werbung und PR glauben machen wollen – sondern zu einer innergesellschaftlichen Erstarrung: „rasender Stillstand" (Paul Virilio).
Rosa vermutet außerdem, „dass die in der Moderne konstitutiv angelegte soziale Beschleunigung in der ‚Spätmoderne' einen kritischen Punkt übersteigt, jenseits dessen sich der Anspruch auf gesellschaftliche Synchronisation und soziale Integration nicht mehr aufrechterhalten lässt". ...
Einfacher ausgedrückt: ganze gesellschaftliche Sektoren oder geografische Regionen können nicht mehr Schritt halten und werden abgekoppelt.
Niemand, der im sozialen Bereich tätig ist oder im Bildungswesen, wird das bestreiten.
Besonders erschreckend ist die große Zahl von Bildungsverlierern...

(Auszug aus: Dudeck – Bibliotheken in der Netzwerkgesellschaft, in: Bibliothek, Bd. 31.2007, S. 198)

Aber auch die, die Schritt halten,
sich Mühe geben, den Anschluss nicht zu verpassen
zahlen mitunter einen hohen Preis...
nehmen Schaden an Leib oder Seele.

Was sorgt für die ständige Beschleunigung?

Sicher wirtschaftliche Interessen,
produzieren und verkaufen – am liebsten rund um die Uhr
immer neue Sensationen, Updates,
um im Gespräch zu bleiben, seine Position zu behaupten.

Es muss aber noch etwas anderes der Grund sein,
warum so viele dabei mitmachen und sich nicht widersetzen.
Ist es eventuell ein Davonlaufen
vor den Fragen nach dem Sinn,
eine Furcht vor der Stille,
wenn ich nichts mehr zu sagen weiß
und bang bin vor dem, was ich nun vielleicht hören könnte?

Die Perlen der Stille laden uns ein,
uns gerade diesen Fragen zu stellen:
wer bin ich, wohin bin ich unterwegs,
wie bin ich gemeint, wo ist mein Platz im Leben?
Was gibt mir Kraft, was tut mir gut?
Gott lässt uns Zeit und gibt uns Raum für diese Fragen
und die Suche nach und das Lauschen auf Antworten
(auch wenn es die Welt immer weniger zu tun scheint).
Er, der von Ewigkeit zu Ewigkeit ist,
hat alle Zeit der Welt,
der »Ich bin der ich bin«
muss sich nicht ständig neu erfinden und präsentieren
und sich spektakulär in Szene setzen;
oft begegnet man ihm daher in der Wüste,
an schlichten Stätten, in der Stille.

(Ich denke vor allem an die Geschichte mit Elija
am Horeb, 1. Kön. 19, wo Gott nicht im Sturm,
nicht im Erdbeben, nicht im Feuer erscheint,
sondern in einem sanften Säuseln,
einem »verschwebenden Schweigen«, wie Buber übersetzt)

Gott, du meinst es gut mit mir.
Ich brauche nicht zu hetzen, in diesem Moment.
Immer wieder gibst du mir Augenblicke der Stille,
Atempausen, in denen ich zu mir komme.
Du stellst mir Bilder vor die Seele,
die mich sammeln und mir Gelassenheit geben.
Oft lässt du etwas mühelos gelingen,
und es überrascht mich selbst,
wie zuversichtlich ich sein kann.
Ich merke, wenn ich mich dir anvertraue,
bleibt mein Herz ruhig.

(aus dem Falkenburger Brevier)

Gedanken zum Anspiel

„Wäre Jesus tausend Mal in Bethlehem geboren, aber nicht in Dir, wäre alles umsonst gewesen."

Das Motto unseres Anspiels bringt zum Ausdruck, dass zum Gelingen von Advent und Weihnachten zwei gehören:

Gott, der uns nahe sein will, der bei seinen Menschen Wohnung nehmen und in Gestalt des Kindes Anteil nehmen möchte an unserm Geschick, der aber uns braucht, die ihn aufnehmen, die ihm Raum geben, in der Herberge und in den Herzen.

Denn Gott hat uns Menschen in Freiheit geschaffen, wir können entscheiden, wie wir mit seiner Zuwendung umgehen möchten. Er hat nicht mit einem starken Auftritt ein für alle Mal die Sache klargestellt und uns jede Wahl genommen – im Gegenteil: er wirbt immer wieder neu um den Platz in unseren Herzen, fast wie Liebender seine Braut umwirbt (gerade die schönsten Texte, die über die Beziehung von Gott zu uns Menschen sprechen, lesen sich wie Liebeslyrik – und es ist kein Wunder, dass das Wort Herz dabei einen wichtigen Symbolwert hat...)

Wie die Anspiele – vielleicht etwas plakativ und überspitzt – gezeigt haben, sind viele Herzen heute aber gar nicht offen für den, der da kommen will oder haben keinen Platz für ihn.

Ich denke, das liegt nicht zum geringen Teil daran, dass viele von uns (nicht unbedingt von uns, die wir heute hier sind, aber von denen, die mit uns diese Adventszeit durchleben) nicht mehr sicher sind, auf wen wir überhaupt warten und wie man sich auf seine Ankunft am besten vorbereitet.

Die Gewissheiten kommen uns zunehmend abhanden, die Traditionen drohen abzureißen, wenn sie immer weniger Menschen mit Sinn zu füllen vermögen.

Obwohl: noch ist in der Welt ein Ahnen, dass diese Zeit eine besondere sein muss, auch wenn sich für viele nicht mehr mit

Sicherheit sagen lässt, warum, eine große Sehnsucht, die oft nicht weiß, wie sie gestillt werden kann.

Nun: wer unsicher ist, sucht gern Halt. Und viele finden ihn auf die eine oder andere Weise: man kann auf andere hören, die Ratschläge und Empfehlungen geben – oder man kann auf Sicherheit setzen und alles selbst in die Hand nehmen. Wer nichts dem Zufall überlassen möchte, gerät oft ganz schön unter Druck: wie der Kunde zu Anfang unseres Gottesdienstes und das mit Terminen ausgefüllte Herz vorhin. Alles muss passen: das Timing, die Frisur, die Kleidung, die Deko, das Festessen und die Weine, natürlich die Geschenke nur vom Feinsten und am liebsten halt noch den Pfarrer gebucht, damit der Geist der Weihnacht auf jeden Fall dabei ist – nur: das Wunder lässt sich nicht planen und wenn es dann doch irgendwann vielleicht geschieht – wie soll man es bemerken, wenn jede Kleinigkeit minutiös berechnet ist – da hat alles andere doch gar keinen Platz...

Wer aus den Darbietungen der Medien oder dem gegenwärtigen Erscheinungsbild unserer Städte entnehmen möchte, was Weihnachten ausmacht, wird heute fast immer mit der Botschaft konfrontiert: kauf dir dieses, leiste dir jenes, dann bist auf der guten Seite. Geschenke, die glücklich machen, das passende Festessen (denn Liebe geht sowieso durch den Magen) und wer sich selbst nach dem Stress noch etwas Gutes tun will: wie wär's mit einem Wellness- und Verwöhn-Wochenende direkt nach den Feiertagen? Nur: das Wunder, auf das wir warten, lässt sich für Geld nicht kaufen.

Seht die Hirten auf dem Felde: sie hatten die Weihnacht nicht auf dem Plan und hätten die himmlischen Heerscharen sicher nicht engagieren können – dennoch wurde ihnen große Freude verkündigt...

Wenn wir all unsere Sinne mit Geschäftigkeit blockieren und unsere Herzen mit Unwesentlichem füllen, sind wir in der Gefahr, das Klopfen zu überhören oder für den Augenblick des Wunders nicht offen zu sein. Manches Wunder ist nur ein kleiner Moment:

ein paar leuchtende Augen, ein dankbarer Blick – oft von Menschen, die wir gar nicht zu unseren Liebsten zählen. Und die Welt kann sich verwandeln dadurch...

Aufmerksam bleiben, uns Zeiten der Stille gönnen, einen Platz in unseren Herzen vorsorglich freihalten, Einkehr ermöglichen, bereit sein, sich beschenken zu lassen, vielleicht auch mit einem anderen Herz und einem neuen Geist – das erhöht unsere Chancen in dieser Adventszeit, für uns und für Gott und seinen Sohn...

Das muss nicht heißen: legt die Hände in den Schoß und überlasst euch dem Warten – die alten Bräuche sind nicht umsonst gewachsen: all die Kerzen, Adventskalender, die Plätzchen- und Stollen-Bäckerei, die Heimlichkeiten, Wunschzettel und Weihnachtskarten – all das ist Zeichen davon, was uns Advent und Weihnacht bedeuten...

Nur müssen wir achtgeben, uns nicht ganz an die Äußerlichkeiten zu verlieren und am Ende zu glauben, um mehr als das ginge es nicht, sonst könnte es leicht zu einer Enttäuschung führen wie in diesem kleinen Gedicht:

Kerzen haben wir entzündet,
doch die Wunder blieben aus,
Gott kam zu den Menschen
aber nicht in unser Haus...

Ich wünsche uns allen, dass wir davor bewahrt bleiben, am Weihnachtsabend schon ausgebrannt zu sein, bevor wir für unsere Lieben die Lichter entzünden.

Dafür bitten wir Gott um Hilfe, mit Worten von Hans-Dieter Hüsch:

Wir bitten Gott, den Allmächtigen,
er möge uns behilflich sein:
dass wir Weihnachten nicht wie Karneval feiern,
dass wir das Wunder von Bethlehem nicht mit einem Musical

plus Domführung plus Reeperbahn plus Hafenrundfahrt und Rhein in Flammen verwechseln,

sondern dass wir die Stille und das Heilige, nicht nur in der Nacht neu entdecken -

unser kleines endliches Sein spüren,

aber mit Jesus Christus gleichsam neu auf die Welt kommen,

auch wenn wir schon betagt sind.

Große Freude ist und verkündigt worden, soll in uns leben.

Erbarmen und Zuversicht werden uns begleiten,

Christus ist unter uns, urjung und uralt - Freiheit und Erlösung als Geschenk.

Und der Friede Gottes…

Saul in En-Dor: ein König am Boden

Der folgende Text, der sich mit der biblischen Gestalt des Königs Saul beschäftigt und dabei sein Hauptaugenmerk auf dessen nächtlichen Besuch in En-Dor am Vorabend seines Todes legt, ist mit Abstand der umfangreichste und zugleich am häufigsten überarbeitete (und dennoch längst nicht „fertige") in dieser Sammlung. Er lässt sich zudem nicht ohne weiteres einer Gattung zuordnen und auch in seiner Funktion nicht eindeutig bestimmen.

Obwohl – besonders in der hier vorliegenden Version – nicht ohne Auseinandersetzung mit Resultaten der theologischen und historischen Forschung entstanden und in manchen Passagen den Regeln wissenschaftlichen Schreibens entsprechend, will mein Beitrag in keins der gängigen Genres passen – er ist kein Fachaufsatz und auch keine wissenschaftliche Hausarbeit: alle Zwänge, denen derartige Texte unterliegen, spielen hier keine Rolle.

Es handelt sich aber auch nicht um eine Art religiöser Gebrauchsliteratur, es folgt keine Andacht, Meditation oder Predigt.[1] Dazu scheint der Text letztlich auch zu lang geraten zu sein – er lädt vor allem ein zum eigenen Lesen, Nachspüren und vielleicht eigenem Weiter-Suchen. Für mich selbst scheint es sich geradezu um ein Lebensthema zu handeln...

Im Zuge meiner religiösen Sozialisation, an der der schulische Religionsunterricht ebenso beteiligt war wie Kindergottesdienste, Konfirmandenunterricht und die Bibel im Elternhaus, war mir Saul durchaus nicht unbekannt geblieben. Ich kannte ihn als den ersten in der Reihe der Könige des Alten Israel. Er war nicht so großartig wie seine beiden Nachfolger David (der die spätere Hauptstadt Jerusalem eroberte) und Salomo (der dort den Tempel

[1] Allerdings habe ich meine am 15. März 2009 gehaltene Predigt über den biblischen Bericht von Sauls Besuch bei der Totenbeschwörerin im Anschluss hinzugefügt.

erbauen ließ), markierte aber den Übergang von der Land-nahme der einzelnen Stämme unter ständiger Bedrohung durch die kanaanäischen Ureinwohner und die militärisch überlegenen Philister zur Errichtung eines eigenen Staates mit festem Territorium und zentralen Institutionen. Saul stand nicht nur hinter seinen beiden Nachfolgern zurück, weil er nicht auf so bedeutende Leistungen zurück blicken konnte; er schien auch an mehreren Punkten Fehler gemacht zu haben, so dass er von Gott wieder verworfen wurde. Außerdem schien er psychisch labil gewesen zu sein: ein „böser Geist" hat ihm des Öfteren zugesetzt. Das verleitete ihn unter anderem zu mehreren Anschlägen auf seinen designierten Nachfolger David, auch wenn dieser zeitweise seine finstere Gemütslage durch Harfenspiel aufbessern konnte.

Ein wenig undurchsichtig war mir jedenfalls dieses Neben- und Gegeneinander von Saul und David geblieben: wie konnte Gott schon zu Zeiten von Sauls Regentschaft einen neuen König salben lassen, wer von beiden hatte denn während dieser Zeit wirklich die Herrschaft inne?

Diese Frage hat mich aber nicht wirklich gequält; das im Grunde schlichte und teilweise düstere Bild von Saul habe ich während der nächsten fast drei Jahrzehnte weitgehend unverändert behalten. Auch wenn ich ein paar Semester Theologie studiert habe, manchen Kirchentag besucht, zeitweise in der evangelischen Schülerarbeit mitgewirkt und schließlich als Presbyter selbst Andachten gehalten und an Tagungen teilgenommen habe: es gab in dieser ganzen Zeit keine nähere Begegnung mit der Person Saul und schon gar keine, die Anlass geboten hätte, an meinem Bild zu arbeiten.

Diesen Anlass bildete erst vor einiger Zeit die Lektüre des Buches »Das Königreich Gottes in unserer Seele« von Eugen Drewermann.[2]

---

[2] Eugen Drewermann: Das Königreich Gottes in unserer Seele. Predigten über die Bücher Samuel und Könige. München / Zürich 1999.

Ob das breite Interesse an seinen zahlreichen Veröffentlichungen in erster Linie durch die von ihm akzentuierte Methode der tiefenpsychologischen Bibelauslegung oder eher durch seine Auseinandersetzungen mit der katholischen Amtskirche motiviert ist, ist in diesem Zusammenhang zweitrangig. Als Haupteindruck meiner Lektüre blieb jedenfalls die Tendenz zurück, die Lichtgestalt des viel talentierten und allseits beliebten König David in Frage zu stellen und im gleichen Maße seinen Vorgänger Saul zu rehabilitieren als einen Aufrechten, der sich elementaren Herausforderungen zu stellen hatte, ohne jedoch wie David bereits politische Strategien zu entwickeln und dabei mit Intrigen und Manipulationen zu arbeiten. Saul hatte Skrupel und scheiterte, während der skrupellose David Geschichte schrieb bzw. schreiben ließ.

Dieser Aspekt von Drewermanns Kritik greift gewiss ein Motiv aus Stefan Heyms Roman »Der König David Bericht«[3] auf, der von ihm auch wiederholt zitiert wird. In Heyms Roman wird der Schreiber Ethan von König Salomo damit beauftragt, für die Nachwelt die Geschichte Davids zu schreiben, muss im Laufe seiner Arbeit aber immer häufiger die Erfahrung machen, dass den Mächtigen weniger an einer wahrheitsgemäßen Darstellung gelegen ist als an der Begründung einer Tradition, die ihre Herrschaft legitimiert. Was nicht in diese Linie passt, wird unterschlagen, umgebogen oder durch Versatzstücke ersetzt...

Derartige Kritik, bei der Verschwörungstheorien und ein Hauch von Kriminalistik mitspielen, fällt bei zahlreichen Leserinnen und Lesern auf fruchtbaren Boden, zumal sie Assoziationen mit vergleichbaren Vorgängen in jüngerer Vergangenheit wachruft. Bei dieser alten Geschichte ist es allerdings ungleich schwerer, mit detektivischer Akribie alle Finten und Fälschungen zu entlarven und den wahren Begebenheiten auf die Spur zu kommen. Aus dem

[3] Stefan Heym: Der König David Bericht. Roman. Frankfurt am Main 1974.

Abstand von rund 3.000 Jahren haben wir nicht mehr die Möglichkeiten, die Heyms Protagonisten Ethan zur Verfügung standen: er konnte noch mit Zeitzeugen sprechen und Original-Dokumente in Form von Tontäfelchen in Augenschein nehmen... Wir Heutigen haben kaum mehr als den Text der Bibel und dürfen auch unter Hinzuziehung aller bislang von der Wissenschaft entwickelten Methoden und Verfahren kaum hoffen, aus den überlieferten Geschichten von David und Saul ihren historischen Kern unverfälscht herausschälen zu können.

Was uns die Bibel über Saul berichtet, konzentriert sich weitgehend auf das erste Buch Samuel[4]; die Erzählungen reichen von Sauls Salbung durch Samuel im neunten Kapitel bis zu seinem Tod auf dem Schlachtfeld in Kapitel 31. In der Fachwissenschaft wird heute kaum bezweifelt, dass sich dabei zwei Erzählstränge verbunden haben, nämlich die eigentliche Geschichte von Sauls Königtum (Kapitel 9 - 15, 28 und 31) und die sogenannte Aufstiegsgeschichte Davids (Kapitel 16 – 27, 29 und 30), in der Saul nur als dunkler Kontrast zu Davids aufsteigendem Stern fungiert.

Die »reine« Saulgeschichte ist letztlich gar nicht so umfangreich. Sie beinhaltet drei verschiedene Erzählungen, wie Saul zum König wurde (Kapitel 9 bis 11: Salbung durch Samuel, Volksversammlung in Mizpa und Befreiung der belagerten Stadt Jabesch), verschiedene Berichte über seine Herrschaft und militärischen Aktionen gegen die Philister (Kapitel 13 und 14) und schließlich seine Verwerfung durch Gott bzw. dessen Beauftragten Samuel nach dem Feldzug gegen die Amalekiter (Kapitel 15). Nach der Unterbrechung durch die Aufstiegsgeschichte Davids konzentriert sich das Interesse nur noch einmal auf das Ende von Sauls Herrschaft und Leben: den Besuch in En-Dor am Vorabend seines Todes (Kapitel 28) und die Schlacht in den Bergen von Gilboa (Kapitel 31).

---

[4] Bei allen folgenden biblischen Stellenangaben schenke ich mir deshalb den Hinweis auf „1. Sam.“...

Vor einer detaillierteren Betrachtung der einzelnen Texte halte ich zunächst einen Exkurs über die Bewertung der Samuelbücher aus theologischer Sicht für sinnvoll. Selbstverständlich dürfte die Feststellung sein, dass nicht Samuel selbst als Verfasser der vorliegenden Texte anzusehen ist. Da bereits im 28. Kapitel des ersten Buches sein Tod als Fakt vorausgesetzt wird, kann man noch nicht einmal behaupten, dass er die Hauptperson der beiden Bücher ist – mitunter wird die Auffassung vertreten, es wäre zutreffender, insgesamt vier Königsbücher anzunehmen (jeweils die beiden Bücher Samuel und Könige).

Ihre Endgestalt haben diese Bücher wahrscheinlich erst in der Zeit nach dem babylonischen Exil und damit nach dem Ende jeglicher Königsherrschaft in Israel und Juda erhalten. Die sogenannte deuteronomistische Redaktion – eine letztlich anonyme Schule von Bearbeitern, die teilweise noch in eine priesterliche und gesetzesorientierte Richtung tendierte – hat die vorgefundenen größeren und kleineren Geschichten über die Königszeit zusammengeführt und im Zuge ihrer Überarbeitung einer theologischen Deutung unterworfen, die sich nicht zuletzt am Tun-Ergehen-Zusammenhang orientiert: erfolglose Könige waren von Gott verlassen, der sie für Verfehlungen und Versäumnisse bestrafte.

Insofern hat es Saul doppelt schwer, historisch unverfälscht überliefert zu werden: nicht nur dass sein Nachfolger David als zentrale Gestalt der Geschichte Israels ihm gegenüber verklärt wurde, zudem traf ihn wie seine Nachfolger auch die spätere königskritische Sichtweise der deuteronomistischen Schule – die übrigens gerade auch in der Vorgeschichte zu Sauls Königserhebung (Kapitel 8) durchscheint.

Wenn erst einmal erkannt ist, welche Redaktion den Text in seiner vorliegenden Gestalt zuletzt und in welcher Weise beeinflusst hat, kann die historisch-kritische Methode daran gehen, Vorstufen des Textes zu rekonstruieren. Meistens läuft es darauf hinaus, dass sich größere Einheiten in kleinere, zunächst voneinander unabhängige Überlieferungen auflösen. Wird die Text-

und Überlieferungskritik auf die Spitze getrieben, zerbröselt der vorliegende Text in der Hand des Exegeten zu kleinsten Fragmenten, die lauter verschiedenen Schichten angehören, aber alle nichts mehr zu sagen haben. Ich habe das jetzt bewusst überspitzt, hatte aber im Zuge meiner Nachforschungen mehr als einmal das Gefühl, eine Erzähleinheit im Umfang von mehreren Versen bis zu einem Kapitel, die durchaus als Geschichte anrührte, aus den Augen zu verlieren, weil sich am Ende fast jeder Halbvers einer anderen Bearbeitungsschicht zuweisen ließ... Es ist also eine eitle Hoffnung, durch das Abschälen aller späteren Bearbeitungen den Kern jeglicher biblischer Geschichten freilegen zu können - und noch eitler die Hoffnung, diesen Kern dann auch noch mit der historischen Wahrheit gleichsetzen zu können. Denn auch in ihren Geschichtsbüchern hat die Bibel ja nicht den Anspruch, historische Fakten objektiv zu dokumentieren, die Volksgeschichte ist immer auch Heilsgeschichte...

Ein weiteres Problem ist der Übergang zwischen mündlicher und schriftlicher Überlieferung. »Oral history« ist ja in jüngerer Zeit ein durchaus wichtiger Zweig der Geschichtswissenschaft geworden - ist aber im Grunde nur hilfreich, solange man die mündlichen Zeugen noch zum Sprechen bringen kann. Anhand einer bereits über 2.000 Jahre alten schriftlichen Quelle jedoch urtümliche mündliche Überlieferungen rekonstruieren zu wollen, mutet wie ein aussichtsloses Unterfangen an.

Mein Eindruck ist jedenfalls: es gibt plausible Verfahren, mit deren Hilfe sich Zusätze späterer Bearbeiter erkennen (und ausscheiden) lassen, so dass es mitunter möglich scheint, eine vergleichsweise frühe Textform zu ermitteln. In den seltensten Fällen kann es sich dabei jedoch um die früheste Form der Überlieferung handeln, die in großer zeitlicher Nähe zu den Ereignissen entstanden ist. Außerdem ist nicht gesagt, dass die frühesten Berichte von einer Begebenheit damals überhaupt den Anspruch hatten, sie in Form eines objektiven Zeugnisses zu festzuhalten.

Da sich eine objektive historische Wahrheit allenfalls für einige Rahmendaten, keinesfalls jedoch für einzelne Ereignisse oder Geschichten rekonstruieren lässt, hat eine Parteinahme für Saul immer auch subjektiven Charakter und kann meines Erachtens zwei Ausprägungen annehmen: entweder eine eher politisch ideologiekritische, die die Herrschaft des Saul aus dem Schatten des übermächtigen Nachfolgers David herausholt und ins rechte Licht rückt oder eine eher allgemein-menschliche, die Saul mit seinen Schattenseiten annimmt, weil sie sie selbst nur zu gut kennt. Der letztlich erfolglose, tragisch gescheiterte Saul, der mitunter ambivalent und psychisch instabil wirkt, Fehler macht und Menschen in seiner Umgebung falsch einschätzt, das Gute, das er will, nicht immer bewirkt und Unrecht tut, auch aus Eifersucht oder Verfolgungswahn heraus, der von Gott verworfen und verlassen wird – ist das am Ende möglicherweise einer, dem wir uns näher fühlen als dem Strahlemann David, der Riesen tötet und Psalmen schreibt, den Königssöhne und -töchter lieben und Gott anscheinend auch?

Eine vielleicht entscheidende Frage, die mir mein eigenes Vorgehen zunehmend problematisch erscheinen lässt, ist allerdings die, ob diese Parteinahme theologisch zulässig ist: darf man den nur im Textzusammenhang des Alten Testaments porträtierten Saul aus diesem Kontext herauslösen und alle störenden Züge wegwischen, bis man das gewünschte Ideal (oder Spiegelbild) vor Augen hat?

Nun aber zu den einzelnen Elementen der vorliegenden Saul-Überlieferung. Es fällt auf, dass drei verschiedene Geschichten erzählt werden, wie Saul König wurde. Da ist zunächst die Erzählung von Saul, der die Eselinnen seines Onkels suchte „und ein Königreich fand“, wie es so schön heißt. (9 – 10,16). Während diese Geschichte quasi eine »Privatsache« zwischen Gott, Samuel und Saul bleibt – die Salbung vollzieht Samuel unter Ausschluss der Öffentlichkeit und auch Saul verschweigt „die Sache mit dem Königtum“ seinen Verwandten – folgt im Anschluss der Bericht von der Königserhebung Sauls vor dem versammelten Israel in Mizpa (10, 17 – 27). Es ist keine Volksversammlung, die den König aus ihrer Mitte wählt: die Entscheidung fällt durch das Los, wobei der Herr am Ende nachhelfen muss, weil Saul sich beim Tross versteckt hat. Ein merkwürdiges Detail, das später als Hinweis darauf gedeutet wurde, dass Saul sich nicht in dieses Amt gedrängt hat. Während nach der Veranstaltung in Mizpa offenbar noch Skeptiker übrig geblieben waren, wurden die letzten Zweifel an Sauls Eignung zum König durch seinen ersten Einsatz als militärischer Führer beseitigt: die von den Ammonitern belagerte Stadt Jabesch-Gilead im Ostjordanland wandte sich mit einem Hilferuf an die anderen Stämme Israels. Saul erzwang durch einen starken symbolischen Akt die Heerfolge aller und konnte die Ammoniter vernichtend schlagen. (11, 1 – 11) Darauf hin wurde das Königtum Sauls in Gilgal feierlich bestätigt. Es ist in der Tat nicht unmöglich, alle drei Geschichten als aufeinander folgend zu lesen:

Gott bestimmt den künftigen Herrscher, bevor dies in einem öffentlichen Akt politisch wirksam wird. Die Fraktion der Zweifler verliert an Argumenten, als Saul durch einen erfolgreichen Feldzug seine Führungsqualitäten unter Beweis stellt.

Dennoch scheint es eher so, als seien verschiedene Erzählungen entstanden, um die Königsherrschaft Sauls auf unterschiedliche Weise zu legitimieren. Die Geschichte mit den Eselinnen trägt am ehesten märchenhafte Züge. Der Bericht von der Volksversammlung in Mizpa erscheint teilweise unstimmig – wie kann das Los auf Saul fallen, der sich versteckt hält? Die größte Dynamik und Urtümlichkeit scheint der Erzählung von der Befreiung Jabesch-Gileads zu eignen.[5] Wie die Richter vor ihm ergreift Saul – von Gottes Geist beflügelt – in einer kritischen Situation die Initiative und führt die

[5] Auch Peter Mommer billigt der Erzählung in Kapitel 11 „größte Wahrscheinlichkeit“ zu, auch wenn sie „kaum als historischer Bericht“ angesehen werden darf. (So in seinem Artikel „Saul“ in: Theologische Realenzyklopädie, Bd. 30, S. 57)

Mission erfolgreich zu Ende. Anders als bei den Richtern resultiert bei Saul daraus jedoch ein andauerndes Führertum – nicht zuletzt, weil es offenbar zwischen den Ältesten Israels und Samuel zuvor eine Vereinbarung gegeben hat, dass künftig ein König herrschen solle (Kapitel 8). In seiner großen »Abschiedsrede« (Kapitel 12) erinnert Samuel das Volk noch einmal daran, dass es von ihm die Einsetzung eines Königs forderte, als der Ammoniter Nahasch anrückte (12,12). Demgemäß muss die ganze Sache relativ schnell über die Bühne gegangen sein: eine äußere Bedrohung, der Ruf nach dem König und ein Bewerber, der sich mit einem starken Auftritt empfiehlt...

Während die generelle Einführung des Königtums sehr ambivalent gewertet wird, scheint der erste Amtsinhaber zunächst die optimale Besetzung zu sein. Saul war schön, überragte alle anderen um Haupteslänge, der Geist des Herrn kam mehrfach über ihn, seine erste Mission erfüllte er erfolgreich und erwies sich danach als großzügig: als das Volk nach seinem Sieg über die Ammoniter den anfänglichen Skeptikern ans Leben wollte, stellte er sich schützend vor sie:

> *„An diesem Tag soll niemand getötet werden, denn heute hat der Herr Israel Hilfe gebracht.“* (11,12)

Saul überschätzt also durchaus nicht seinen eigenen Anteil an den erfolgreichen Kämpfen, über die in den Kapiteln 13 bis 15 weitere Berichte folgen.

In den Kapiteln 13 und 14 werden vergleichsweise ausführlich militärische Auseinandersetzungen mit den Philistern geschildert, bei denen Sauls Sohn Jonatan eine zentrale Rolle zukommt. Das Kapitel 15 schildert einen Feldzug Sauls gegen die Amalekiter, bei dem der Gegner nahezu ausgelöscht wird. Bereits am Ende von Kapitel 14 wird allerdings eine Bilanz von Sauls militärischen Leistungen gezogen:

> 47 *Als Saul die Königswürde über Israel erlangt hatte, führte er ringsum mit all seinen Feinden Krieg: mit Moab und den*

Ammonitern, mit Edom und den Königen von Zoba und mit den Philistern. Wohin er sich wandte, war er siegreich.

48 *Er vollbrachte tapfere Taten, schlug Amalek und befreite Israel aus der Gewalt derer, die es ausraubten.*"

Eine Erfolgsbilanz, die jedoch eine Schwachstelle aufwies:

Der harte Krieg gegen die Philister hörte nicht auf, solange Saul lebte. (52a)

Es war Saul nicht möglich, diese entscheidend zu schlagen - sie waren einfach stärker und waffentechnisch überlegen.[6]

In die Berichte über die militärischen Aktivitäten eingeflochten sind allerdings Hinweise auf Schwächen und Verfehlungen Sauls, die zu seiner Verwerfung als König führen. Diese Fehlleistungen erstrecken sich im Grunde auf den kultisch-religiösen Bereich und rufen in zwei Fällen Samuel als »Richter« auf den Plan. Im Vorfeld der in den Kapiteln 13 und 14 ausführlicher geschilderten Auseinandersetzung mit den Philistern nimmt Saul selbst das Brandopfer vor, weil Samuel sich verspätet und Saul es nicht auf einen Kampf mit den Philistern ankommen lassen möchte, ohne den Herrn gnädig gestimmt zu haben. Samuel kritisiert dieses Verhalten jedoch und konfrontiert Saul hier schon mit dem Bescheid, dass seine Herrschaft keinen Bestand haben werde, weil Gott sich „einen Mann nach seinem Herzen gesucht" habe. (13,13) Dennoch geht diese kriegerische Auseinandersetzung für Israel positiv aus – ein „Gottesschrecken" stürzt das Lager der Philister in Verwirrung, (14,15) In Zusammenhang mit diesen Kämpfen kommt es zu einer weiteren ambivalenten Szene: Saul erlegt seinen Truppen ein Fastengebot auf, das er mit einem Fluch verbindet. Wie sich dann herausstellt, hat es sein eigener Sohn Jonatan übertreten, der mit einer kühnen Einzelaktion wesentlich zum Sieg beitrug und von der strengen Vereinbarung keine Kenntnis hatte. Saul ist bereit,

---

[6] Kapitel 13, 19 – 22 macht darauf aufmerksam, dass die Israeliten im Gegensatz zu den Philistern über keine Waffen aus Eisen verfügten.

seinen Sohn zum Tode zu verurteilen, um Gott zu versöhnen, aber das Volk tritt erfolgreich für seinen Helden des Tages ein, so dass Saul sich hier beugt – was ihm als Vater gewiss nicht zu schwer gefallen sein dürfte.

In Verbindung mit dem in Kapitel 15 geschilderten Feldzug gegen die Amalekiter kommt es dann zu der entscheidenden Verfehlung Sauls und zum endgültigen Zerwürfnis mit Samuel. Im Vorfeld dieser Operation erging von Gott über Samuel an Saul der Auftrag, nicht nur die Truppen der Amalekiter zu vernichten, sondern auch alle Zivilisten und sämtliches Vieh. Sauls Fehler besteht nun darin, den feindlichen König lediglich gefangen zu nehmen und die besten Tiere lebend mitzuführen, um sie in Gilgal dem Herrn zu opfern. „Gehorsam ist besser als Opfer," hält Samuel allen Rechtfertigungsversuchen Sauls entgegen (15,23) »Gehorsam einem Gott gegenüber, der ausdrücklich einen Genozid befiehlt?« möchte man Samuel entgegenhalten, vor dem man nur noch mehr erschauert, als er eigenhändig den Amalekiterkönig Agag mit dem Schwert in Stücke haut...[7]

Die Wege von Samuel und Saul trennten sich im Anschluss:

> *Samuel sah Saul vor dem Tage seines Todes nicht mehr."* (15, 35a)

Wie konnte sich das Blatt in so kurzer Zeit wenden? Sauls Beginn als König war verheißungsvoll, Gottes Geist war zunächst mit ihm und die Erfolge auf dem Schlachtfeld blieben nicht aus, auch wenn ihm der entscheidende Befreiungsschlag gegen die Philister nie gelang. Was entzieht ihm das Wohlwollen des Herrn bzw. Samuels? Soll sich der König auf seine weltlichen Aufgaben konzentrieren und Priestern und Propheten ihren Bereich überlassen? Kann Samuel

---

[7] Jürgen Ebach (Das Erbe der Gewalt. Gütersloh 1980, S. 26f.) weist im Kontext dieser Passage darauf hin, dass für die Jahwe-Kriege andere Maßstäbe gelten als für menschliche Kriege als „Mittel der Politik". Obwohl ich ihn sehr schätze: bei meinem Problem mit dieser Erzählung hilft er mir nicht wirklich...

sich nicht damit abfinden, seine weltliche Autorität an einen Monarchen abtreten zu müssen und legt ihm deshalb Fallstricke im religiös-kultischen Bereich? Ist es die alte Konkurrenz zwischen Altar und Thron, die Urversion des Investiturstreites? Oder, wenn Gott es schon wieder bereut hat, einen König über Israel gesetzt zu haben, warum lässt er Samuel den nächsten Kandidaten salben, bevor die Herrschaft des ersten zu ihrem prophezeiten Ende gekommen ist?

Mit der Salbung Davids im 16. Kapitel beginnt dessen „Aufstiegsgeschichte". Saul tritt hier nur noch als einer in Erscheinung, der Davids Aufstieg mit Argwohn verfolgt und seinen Konkurrenten mit List und Gewalt aus dem Weg räumen möchte. Wer in den Kapiteln zuvor bereits Sauls Seite ergriffen hat, hat nun im Prinzip zwei Optionen: entweder sich der Interpretation von Heym, Drewermann und anderen[8] anschließen und die meisten der folgenden Erzählungen für Erfindungen und Verfälschungen zugunsten Davids halten oder versuchen, den dort mit seinen dunklen Seiten dargestellten Saul auszuhalten und zu verstehen.

Als David und Saul sich laut Bibel das erste Mal begegnen, sind die Würfel bereits gefallen (sofern man davon ausgeht, dass die erzählten Begebenheiten sich immer in der korrekten chronologischen Reihenfolge befinden): Saul ist verworfen und nur noch König auf Abruf, David ist gesalbt und sein designierter Nachfolger.

Es gibt zwei unterschiedliche Berichte darüber, wie David an den Hof König Sauls bzw. in dessen Dienst kam.

Der erste (16, 14 – 23) stellt David als den begabten Harfenspieler vor, der dem von einem bösen Geist gequälten Saul Erleichterung verschaffen kann und gleichzeitig dessen Waffenträger wird.

---

[8] Z.B. Eben Scheffler: Saving Saul from the deuteronomist. In: Past, present, future: the deuteronomistic history and the prophets, Leiden [u.a.], 2000, S. 263 – 271.

Die folgende (17 - 18, 2) führt David gleich als erfolgreichen Kämpfer ein, dem es gelingt, den riesigen Philister Goliat mit einer Steinschleuder zu töten. Man muss sich für eine der beiden entscheiden - denn es macht keinen Sinn, dass Saul sich nach dem Riesenbezwinger erkundigt, wenn er ihn zuvor schon als »Musiktherapeuten« an seinen Hof geholt hat.

Die Geschichte vom Riesenbezwinger hat gewiss auch etwas fabelhaftes, aber angesichts des weiteren Verlaufs der Ereignisse erscheint es plausibler, dass David sich eher als erfolgreicher Philistertöter empfohlen hat denn als Künstler. Ob der »Kunstbanause« Saul dafür überhaupt eine Ader hatte? Wir lernen ihn ja im Grunde nur als Bauern und Kämpfer kennen. Im kulturellen Bereich hat er keine Impulse gesetzt, nichts geschrieben oder schreiben lassen, er hat keine Verwaltungsstrukturen aufgebaut oder Gebäude errichten lassen - und im kultisch-religiösen Bereich war er zwar bemüht, aber anscheinend unsicher und nicht vor Fehlern gefeit. Ging es eventuell den Autoren darum, David wiederum als den begnadeteren darzustellen: er konnte nicht nur kämpfen sondern auch Harfe spielen und Psalmen schreiben (oder ließ er sie schreiben?).

Natürlich gibt es viele Analytiker, die Sauls psychische Erkrankung diagnostizieren möchten - eine aktuelle Variante scheint es zu sein, ihm das Borderline-Syndrom nachweisen zu wollen[9] - und die heilende Rolle der Musik darf auf keinen Fall unterschätzt werden; ich glaube einfach nur nicht, dass der erste Kontakt zwischen den beiden Protagonisten einer Therapie-Empfehlung von Sauls Dienerschaft entsprungen sein soll.

Einmal im Dienste Sauls, war David recht schnell erfolgreicher und beliebter als sein Herrscher.

---

[9] oder seine Depression auf Stress zurückzuführen - vgl. Martijn Huisman: King Saul, work-related stress and depression. In: Journal of epidemiology and community health 61 (2007), S. 490.

Besonderes Missfallen erregte bei Saul offenbar das Lied der Frauen:

Saul hat Tausend erschlagen / David aber Zehntausend.
Von diesem Tag an war Saul gegen David voll Argwohn.
(18, 7b + 9)

Er versucht, sich seines Konkurrenten zu entledigen. Mal impulsiv mit direkter Aggression, mal eher hinten herum, indem er ihn mit schwierigen militärischen Missionen betraut. Saul muss dabei erfahren, dass David nicht nur alle Gefahrensituationen unbeschadet übersteht und beim Volk zunehmend beliebter wird, sondern auch bei seinen eigenen Kindern. Seine Tochter Michal verliebt sich in David, der Sauls Schwiegersohn wird, weil er die Brautgabe in Form von 100 Philistervorhäuten mühelos vorlegt anstatt bei der Jagd danach zu Tode zu kommen. Aber auch Sauls Sohn Jonatan ist David in Liebe zugetan – viele sehen da gern eine der ältesten belegten homoerotischen Affären. Der Effekt in unserer Geschichte ist jedenfalls, dass Sohn und Tochter Sauls David helfen, dem unmittelbaren Machtbereich des Königs zu entfliehen, als dieser ihm endgültig nach dem Leben trachtet. Es folgen mehrere Stationen der Flucht vor Saul; auch David sammelt Bewaffnete um sich, deren Herkunft nicht immer die sau-berste ist: werden hier Szenen aus dem Untergrundkampf oder aus einem Bürgerkrieg geschildert? Es trifft jedenfalls auch Unschuldige oder nur mittelbar Beteiligte. Als Saul erfährt, dass Priester in Nob David mit Proviant und Waffen versorgt haben, lässt er seinen edomitischen Söldner Doëg die gesamte Priesterschaft dieses Ortes niedermetzeln und gleich auch noch alles weitere Leben in der Siedlung auslöschen. (22, 9 – 19) Bei allem, was im Verlaufe dieser Geschichte an Taten und Untaten erzählt wird; hier hätte Saul in meinen Augen die größte Schuld auf sich geladen!

Im Verlaufe dieses Katz-und-Maus-Spiels zwischen dem herrschenden und dem zukünftigen König kommt es zweimal zu

Situationen, wo Sauls Leben gewissermaßen in Davids Hand gegeben wird, dieser aber von diesem Vorteil keinen Gebrauch macht und Sauls Leben schont. Allerdings nicht ohne auf seine Großmut aufmerksam zu machen – Saul scheint dadurch am Ende beeindruckt und bereut seine feindselige Haltung. Die letzte Begegnung zwischen den beiden Männern endet mit einem Segen Sauls:

> *Gesegnet seist du, mein Sohn David. Du wirst es sicher vollbringen, dir wird es auch bestimmt gelingen.* (26,25)

David am Ende also nicht nur gesegnet von Gott und Samuel, sondern auch von seinem Widersacher Saul? Ist das nicht zu schön um wahr zu sein? Ich misstraue der ganzen Geschichte immer am meisten, wo direkte Kontakte zwischen den beiden Kontrahenten geschildert werden. Einen Konflikt zwischen ihnen wird es gewiss gegeben haben, ob sie sich aber jemals persönlich begegnet sind, finde ich zumindest zweifelhaft...

Während sich David im weiteren Verlauf der Gesamterzählung nach der scheinbaren Aussöhnung mit Saul nun ausgerechnet in den Dienst des Erzfeindes – der Philister – stellt (und damit in meinen Augen so etwas wie Landesverrat begeht) rüsten diese zu einem erneuten Angriff auf den Norden Israels. Sauls Tage sind gezählt – zwei Kapitel am Ende des ersten Samuelbuches sind seinem Untergang gewidmet.

Da ich die Erzählung von Sauls verzweifeltem nächtlichen Besuch in En-Dor (Kapitel 28) zum Kernstück meiner Betrachtung machen will, sei hier der biblische Bericht auch in seinem vollen Wortlaut wiedergegeben:

> *3 Samuel aber war gestorben, und ganz Israel hatte ihm die Totenklage gehalten und ihn begraben in seiner Stadt Rama. Und Saul hatte die Geisterbeschwörer und Zeichendeuter aus dem Lande vertrieben.*

4 Als nun die Philister sich versammelten und herankamen und
sich lagerten bei Schunem, versammelte Saul auch ganz Israel,
und sie lagerten sich auf dem Gebirge Gilboa.

5 Als aber Saul das Heer der Philister sah, fürchtete er sich, und
sein Herz verzagte sehr.

6 Und er befragte den Herrn; aber der Herr antwortete ihm
nicht, weder durch Träume noch durch das Los »Licht« noch
durch Propheten.

7 Da sprach Saul zu seinen Getreuen: Sucht mir ein Weib, das
Tote beschwören kann, daß ich zu ihr gehe und sie befrage.
Seine Männer sprachen zu ihm: Siehe, in En-Dor ist ein Weib,
das kann Tote beschwören.

8 Und Saul machte sich unkenntlich und zog andere Kleider an
und ging hin und zwei Männer mit ihm, und sie kamen bei
Nacht zu dem Weibe. Und Saul sprach: Wahrsage mir, weil du
Geister beschwören kannst, und hole mir herauf, wen ich dir
nenne.

9 Das Weib sprach zu ihm: Siehe, du weißt doch selbst, was
Saul getan hat, wie er die Geisterbeschwörer und Zeichen-
deuter ausgerottet hat im Lande; warum willst du mir denn
eine Falle stellen, daß ich getötet werde?

10 Saul aber schwor ihr bei dem Herrn und sprach: So wahr der
Herr lebt: es soll dich in dieser Sache keine Schuld treffen.

11 Da sprach das Weib: Wen soll ich dir denn heraufholen? Er
sprach: Hol mir Samuel herauf!

12 Als nun das Weib merkte, daß es um Samuel ging, schrie sie
laut und sprach zu Saul: Warum hast du mich betrogen? Du
bist Saul.

13 Und der König sprach zu ihr: Fürchte dich nicht! Was siehst du?
Das Weib sprach zu Saul: Ich sehe einen Geist heraufsteigen aus
der Erde.

14 Er sprach: Wie ist er gestaltet? Sie sprach: Es kommt ein alter Mann herauf und ist bekleidet mit einem Priesterrock. Da erkannte Saul, daß es Samuel war, und neigte sich mit seinem Antlitz zur Erde und fiel nieder.

15 Samuel aber sprach zu Saul: Warum hast du meine Ruhe gestört, daß du mich heraufsteigen lässest? Saul sprach: Ich bin in großer Bedrängnis, die Philister kämpfen gegen mich, und Gott ist von mir gewichen und antwortet mir nicht, weder durch Propheten noch durch Träume; darum hab ich dich rufen lassen, daß du mir kundtust, was ich tun soll.

16 Samuel sprach: Warum willst du mich befragen, da doch der Herr von dir gewichen und dein Feind geworden ist?

17 Der Herr hat dir getan, wie er durch mich geredet hat, und hat das Königtum aus deiner Hand gerissen und David, deinem Nächsten, gegeben.

18 Weil du der Stimme des Herrn nicht gehorcht und seinen grimmigen Zorn nicht an Amalek vollstreckt hast, darum hat der Herr dir das jetzt getan.

19 Dazu wird der Herr mit dir auch Israel in die Hände der Philister geben. Morgen wirst du mit deinen Söhnen bei mir sein. Auch wird der Herr das Heer Israels in die Hände der Philister geben.

20 Da stürzte Saul zur Erde, so lang er war, und geriet in große Furcht über die Worte Samuels. Auch war keine Kraft mehr in ihm; denn er hatte nichts gegessen den ganzen Tag und die ganze Nacht.

21 Und das Weib trat zu Saul und sah, daß er sehr erschrocken war, und sprach zu ihm: Siehe, deine Magd hat deiner Stimme gehorcht, und ich habe mein Leben aufs Spiel gesetzt, als ich die Worte hörte, die du zu mir gesagt hast.

22 So gehorche du nun auch der Stimme deiner Magd! Ich will dir einen Bissen Brot vorsetzen, daß du issest und zu Kräften kommst und deine Straße gehen kannst.

23 Er aber weigerte sich und sprach: Ich will nicht essen. Da nötigten ihn seine Männer und das Weib, bis er auf sie hörte. Und er stand auf von der Erde und setzte sich aufs Bett.

24 Das Weib aber hatte im Haus ein gemästetes Kalb; das schlachtete sie eilends und nahm Mehl und knetete es und backte ungesäuertes Brot

25 und setzte es Saul und seinen Männern vor. Und als sie gegessen hatten, standen sie auf und gingen fort noch in der Nacht.

Diese Geschichte lässt sich zunächst durchaus so verstehen, wie sie sich in ihrer überlieferten Textform präsentiert. Angesichts des drohenden Aufmarsches der Philister und eingedenk seiner eigenen Verwerfung möchte Saul von Gott gern einen Hinweis auf den Ausgang dieser bedrohlichen Entwicklung erhalten. Sein früherer Mittler Samuel ist jedoch gestorben und Gott hüllt sich ihm gegenüber in Schweigen, äußert sich weder durch Träume noch durch Losorakel oder Propheten. In seiner Verzweiflung besinnt sich Saul auf eine andere Möglichkeit: er will über Totenbeschwörer doch noch Kontakt zu seinem einstigen Wegweiser Samuel aufnehmen, auch wenn dieser nicht immer angenehme Botschaften verkündet hat. Sein eigener Eifer gegen die Ausübung fremder Kulte hätte ihm beinahe diesen Ausweg versperrt – aber in En-Dor lässt sich noch eine Frau finden, die diese Kunst beherrscht. Dass sich Saul inkognito und im Schutz der Nacht auf diesen Weg begibt, ist verständlich: wie kann der König sich zu Praktiken bekennen, die er selbst verboten hat? Die Frau in En-Dor wähnt sich zunächst in der Falle, ihre Vorbehalte können jedoch ausgeräumt werden und sie bewirkt tatsächlich, dass Samuel noch einmal heraufsteigt und mit Saul spricht. Dessen Botschaft ist jedoch niederschmetternd: er wiederholt nicht nur die alten Schuldsprüche, sondern er sagt Saul auch voraus, dass er am folgenden Tag mit seinen Söhnen fallen wird und Israel eine furchtbare Niederlage erleiden. Das wirft den stärksten Helden um, Saul liegt am Boden.

Die Frau kann ihn dort nicht liegen sehen und bringt ihn dazu, sich wieder zu setzen und zu essen. Am Ende geht Saul mit seinen Begleitern wieder zurück in die Nacht (und seinem Tod entgegen).

Wer immer diesem Text seine Endgestalt gegeben hat: er zeugt von hoher „Erzählkunst"[10] – beschäftigt sich aber mit einem Thema, das zahlreichen Auslegern Probleme bereitet: wieso befindet sich in der Heiligen Schrift eine Erzählung, in deren Mittelpunkt Totenbeschwörung, Wahrsagerei oder ähnlich okkulte Praktiken stehen? Wie kann ein König Israels sich für so etwas hergeben und wie kann eine »Hexe« über den Propheten Samuel verfügen?

Es gibt eine Reihe von Auslegungen dieser Erzählung, die sich dieser Frage auf einfache Weise entledigen. Gern wird darauf hingewiesen, dass Sauls Gang nach En-Dor seine finale Verfehlung darstelle. Statt Gott den Herrn zu suchen gerate er auf Abwege und verwirke so nicht nur sein Königtum sondern auch sein Leben.

Die Rolle der Frau wird mit dem Kommentar zurückgedrängt, dass ihre Totenbeschwörung oder Wahrsagerei ja immer nur Blendwerk habe sein können – wenn hier Samuel wirklich erscheine (was offenbar im Rahmen der Erzählung unbestritten bleibt), dann nur, weil Gott selbst das so gewollt habe. Und dass sie im Anschluss an Samuels Erscheinung in die Rolle der Hausfrau zurückfalle, die ihre Aufgabe darin sehe, ihren Gästen etwas zu essen vorzusetzen, zeuge von der Einsicht, dass es mit ihrer Kunst nicht allzu weit her sei.

Derartige Auslegungen stießen bei mir intuitiv auf Ablehnung. Saul ist bereits verworfen, das hat Samuel in Kapitel 15 deutlich gemacht – die nun eingetretene Gottesferne ist ja gerade ein Resultat davon. Saul sucht den Dialog nun auf einem Umweg – gerade seine Suche nach Gott wird ihm aber zum Problem.

---

[10] Michael Kleiner, Saul in En-Dor. Wahrsagung oder Totenbeschwörung? Eine synchrone und diachrone Analyse von 1. Sam 28, 3 – 25. Leipzig 1995, S. 155.

Wer die Rolle der Frau am Ende nur als die einer Wirtin sieht, verkennt die Bedeutung ihrer Fürsorge. Dass sie den wieder aufrichtet, der sie unter Androhung des Todes mit einem Berufsverbot belegt hat, zeugt für mich von einer elementaren Solidarität, die alle gesellschaftlichen Grenzen hinter sich lässt.

Das ist noch subjektiv und unwissenschaftlich in den Raum gestellt. Ich habe versucht, mir die Erzählung und ihre Botschaft durch vielfältige theologische Interpretationen zu verdeutlichen. An einer Stelle ist das ein gewagtes Unterfangen: jede ernsthafte wissenschaftliche Auseinandersetzung nimmt sich zunächst einmal den hebräischen Urtext vor, weil alle späteren Übersetzungen schon auf Deutungen und Vorentscheidungen beruhen. Was macht aber einer, der kein Hebräisch kann? Er muss bis zu einem gewissen Grad Vertrauen haben, dass die anerkannten Theologen ihr Geschäft redlich betreiben…

Der vorliegende Text weist demnach einige Widersprüche und Brüche auf, die teilweise durch die oben wiedergegebene Übersetzung schon überdeckt sind. Relativ randständig ist die Frage, ob Saul die Totenbeschwörer und Wahrsager nur aus dem Land vertrieben (28, 3) oder ausgerottet hat (28, 9).

Es bleibt ein wenig in der Schwebe, welche Dienstleistung Saul von Frau in En-Dor erwartet: soll sie durch einen Totengeist wahrsagen, also in die Rolle eines Mediums schlüpfen, oder soll sie einen Toten aus der Unterwelt heraufholen? Die beiden Fachbegriffe „Divination“ und „Evokation“ weisen auf zwei im Grunde voneinander verschiedene Praktiken hin.[11] Im Verlauf des Geschehens scheint die Evokation Samuels jedenfalls die ursprünglich angestrebte Divination in den Hintergrund zu drängen. Auf eine Vermischung der Ereignisfolgen deuten die wiederholten Fragen von Saul an die Frau, was sie denn sehe, bevor es ihm dann selbst

---

[11] Michael Kleiner (Saul in En-Dor) hat diesem Thema eine ganze Dissertation gewidmet…

möglich wird, mit Samuel in Kontakt zu treten. Dass es sich in Wahrheit um eine „Epiphanie" gehandelt habe, dass also Samuel unabhängig von den Bemühungen Sauls und der Frau auf Gottes Veranlassung hin erschienen sei, wäre noch eine dritte Weise, das Geschehen zu deuten.[12]

Eine andere Frage, die in der Schwebe bleibt, ist was sich Saul von dem Spruch erwartet, den er mit allen Mitteln zu erhalten versucht. Möchte er wie bei der Befragung eines Orakels Auskunft über künftiges Geschehen erhalten und eventuell Anweisungen, wie er sich am besten zu verhalten habe, oder möchte er sich auf jeden Fall Jahwes aktiver Zuwendung vergewissern, die allein in der aussichtslos scheinenden Situation noch Hoffnung geben könnte? Es liest sich in den meisten Darstellungen so, als sei der zweite Beweggrund maßgeblich gewesen – mir scheint jedoch angesichts der psychischen Dynamik in der Erzählung für Saul allein schon die Ungewissheit und das Ausbleiben einer Antwort unerträglich geworden zu sein. »Lieber ein Ende mit Schrecken als ein Schrecken ohne Ende« könnte man plakativ sagen...

Es wird häufig darauf hingewiesen, dass in der Geschichte kein Wort darüber verloren wird, auf welche Weise die Frau die Totenbeschwörung vornimmt. Ist das ein Geheimnis oder verschweigen es die späteren Redakteure, damit keiner auf die Idee kommt, es auszuprobieren? Mir erscheint diese Frage allerdings unerheblich zu sein.

Für das, was die Erzählung uns sagen will, sind technische Details dieser Art entbehrlich.

---

[12] Vgl. dazu Kleiner, S. 215ff. – Für ein spontanes Erscheinen Samuels spricht auch der Vers 12 – allerdings nicht in der Luther-Übersetzung, die an dieser Stelle geglättet hat. Es ist auch möglich zu übersetzen: „Als die Frau Samuel sah...". Dieser Version folgend wäre er schon anwesend, bevor die Beschwörung beginnt – was aber nicht zum weiteren Handlungsablauf in den folgenden Versen passt und wieder auf eine spätere Einfügung hindeutet.

Die interessanteste Frage ist vielleicht, *wer* überhaupt aus der Unterwelt aufsteigt. Nach der Luther-Übersetzung sieht die Frau zunächst einen „Geist" (28,13) der sich im weiteren Verlauf als Samuel identifizieren lässt. Der Urtext lässt es jedoch durchaus zu, zunächst von Göttern zu reden – und das sogar in der Mehrzahl! Das bringt zumindest einige Exegeten zu der Auffassung, dass Samuel erst nachträglich in eine ältere Form dieser Erzählung hinein gewoben[13] wurde, dass Saul zunächst nach einer Prophezeiung mittels Kontakt zu einem Unterweltsnumen suchte; abweichend davon soll er Verbindung zu seinen eigenen Ahnen gesucht haben[14] – da die begrifflichen Grenzen zwischen Totenbeschwörung und Ahnenkult fließend gewesen seien.

Auch die meisten Forscher, die nicht Samuel vollständig aus den Vorstufen dieser Erzählung herauslösen möchten, gehen davon aus, dass die Verse 16b bis 19a, die im Grunde nur die Ver-

---

[13] Mommer vertritt in seinem TRE-Artikel zu Saul auf S. 57 sogar die Auffassung, dass Samuel nicht nur am Ende sondern schon zu Beginn von Sauls Königtum nicht real beteiligt war, dass seine Gestalt auch in Kapitel11 „deutlich sekundär" erscheint.

Diese Ansicht ist durchaus nicht allgemein anerkannt, würde aber wieder meinen Verdacht unterstützen, dass die Hauptpersonen längst nicht in einem so direkten Kontakt zu einander gestanden haben wie es in den Geschichten erzählt wird. Vielleicht ist es auch so, dass mitunter gesellschaftliche Strömungen und Weltanschauungen personifiziert werden, um bestimmte Konflikte Gestalt annehmen zu lassen...

[14] Dazu vor allem: Josef Tropper, Nekromantie. Totenbefragung im Alten Orient und im Alten Testament. Neukirchen-Vluyn 1989. – Für ihn berichtet die Erzählung „von einer nächtlichen Kultfeier König Sauls zu Ehren seiner Ahnen und setzt sich aus einer Beschwörung und Befragung (Nekromantie) der Ahnen sowie einem abschließenden Kultmahl zusammen." (S. 227)

Diese Deutung, die das Muster hinter dem Einzelfall zum Vorschein bringen möchte, nimmt dieser Geschichte allerdings jegliche Dramatik. Saul hat doch nicht einen »netten Abend« mit seinen Ahnen verbracht, sondern in der größten Krise seines Lebens einen verzweifelten Versuch der Kontaktaufnahme unternommen.

werfung aus Kapitel 15 wiederholen, nachträglich eingefügt wurden.[15] Die Mitteilung des heraufbeschworenen Wesens, sei es nun Samuel, einer von Sauls Ahnen oder ein namenloses Unterweltswesen, bestand dann im Kern nur aus der Prophezeiung von Sauls Niederlage und Tod. Nur das konnte ihn derart nachhaltig umwerfen und gleichzeitig die Frau geradezu von der Rolle einer »Hexe« in die eines Engels wechseln lassen.

Als trivialen späteren Zusatz kann man schließlich auch Vers 20b ansehen, der Sauls Sturz zusätzlich als Folge von Entkräftung zu erklären versucht, damit aber auch die sich anschließende Nahrungsaufnahme stärker als rein physische Stärkung wertet.[16]

Zieht man von dem vorliegenden Text die späteren Zusätze und Glättungsversuche ab, bleibt ungefähr folgende Grundschicht übrig:

Saul fühlt sich durch den massiven Philisteraufmarsch bedroht. Der Jahwe-Gott entzieht sich ihm und allen Versuchen, ihn durch die gängigen kultischen Praktiken zu einer Äußerung zu bewegen. Saul, der diese Ungewissheit und Gottverlassenheit nicht ertragen kann, besinnt sich auf andere Möglichkeiten einer numinosen Offenbarung. Noch ist es ihm nicht gelungen, das Monopol des Jahwe-Kults durchzusetzen, was ihm diesmal zugutekommt. Die Frau in En-Dor kann für ihn ein Unterweltswesen heraufbeschwören (oder von ihm eine Botschaft für Saul einholen).

---

[15] Sofern man nicht auch das Kapitel 15, auf das in Samuels Rede Bezug genommen wird, für eine reine Lehrerzählung ohne historischen Hintergrund hält, die nachträglich in die Saulgeschichte eingefügt wurde, um seine Verwerfung zu erklären. – Vgl. dazu: Peter Mommer, Samuel. Geschichte und Überlieferung. Neukirchen-Vluyn 1991, S. 146.

[16] Diese Interpretation wird von manchen Forschern aber durchaus gestützt. Es wird auch die Möglichkeit einbezogen, dass Sauls Fasten in einem Zusammenhang mit der Totenbeschwörung steht, gewissermaßen mit zur Vorbereitung darauf gehört. Wer immer damit die »Nachsorge« der Frau auf das Verabreichen von Nahrung beschränkt, nimmt der Schlussszene der Erzählung jedoch in meinen Augen einen wesentlichen Teil ihres Gehalts.

Dessen Spruch aber ist niederschmetternd und wirft Saul zu Boden. Die Frau richtet ihn wieder auf und rüstet ihn zu für seinen Weg zurück durch die Nacht.

So erzählt ist die Geschichte zum einen in einem mehrdeutigen Sinne »gottlos«, zum andern hat sie nur noch zwei Hauptpersonen, sofern man die Philister nur als Kulisse und Sauls Leute, die die Frau ausfindig machen und ihn begleiten, lediglich als Komparsen begreift.

Wir lassen dem toten Samuel seine Ruhe und betrachten nur den König und die Frau (die einmal mehr – wie so oft in der Bibel – keinen Namen hat).

Erstaunlich ist, wie die beiden Personen im Verlauf der Erzählung ihre Rollen wechseln.

Anfangs geht die Initiative von Saul aus – natürlich ist er ein Getriebener, über seine psychische Verfassung habe ich mich schon ausgelassen, aber die kritische Situation lässt ihn nicht in Lähmung verfallen, sondern umtriebig werden und nach Auswegen suchen. Die Frau dagegen ist zunächst ängstlich und blockiert: kommt der Herrscher höchstselbst vorbei, um ihr das Handwerk zu legen?

In der zweiten Phase des Geschehens aber spielen die Ausgangspositionen keine Rolle mehr, es entfaltet sich ein Prozess, für den beide in unterschiedlicher Weise verantwortlich sind, den sie nun aber nicht mehr steuern können. Nach der Erscheinung sind die Rollen vertauscht: der König, der einst alle um Haupteslänge überragte, liegt nun am Boden und die Frau ergreift die Initiative. Was nun geschieht ist keine Bagatelle, sonst hätte die Geschichte hier schon ihr Ende erreicht.

Wer die Verse 21 bis 25 nur für einen zu lang geratenen Nachspann zu der Erzählung hält, die mit Vers 19/20 schon ihr Ziel erreicht hat, übersieht eine der wichtigsten Aussagen bzw. hat keine Antenne dafür...

Nach dem Verschwinden der Erscheinung entlässt die Frau ihren Klienten nicht einfach, sie spürt, dass er noch ihrer weiteren Zuwendung bedarf.[17]

Völlig fremd ist es ihr offenbar, Genugtuung darüber zu empfinden, dass ihr Widersacher, der ihrer ganzen Zunft die Lebensgrundlage entzogen hat, nun selbst am Boden ist. Sie kann ihn nicht dort liegen lassen. Und dabei scheint mir ihr Motiv weniger zu sein, dass diese Position eines Königs unwürdig ist – das spielt mit Sicherheit auch eine Rolle – viel mehr scheint ihr folgendes Handeln aus einer elementaren menschlichen Solidarität zu resultieren, die ja oft von denen geübt wird, von denen es zunächst nicht unbedingt erwartet werden kann.

Sie tut, was in ihrer Macht steht, um Saul wieder auf die Beine zu bringen. Dass sie kurz entschlossen ihr Kalb schlachtet und daraus eine Mahlzeit bereitet, ist zwar kaum realistisch, soll aber andeuten, dass sie alles aufbietet, was ihr zur Verfügung steht, um den König in die Lage zu versetzen, auch seinen letzten Weg aufrecht zu gehen. Wichtig ist für die Deutung dieser Szene die ganzheitliche Betrachtung: nicht nur der Hunger wird gestillt, die Zuwendung gilt der ganzen Person.[18]

Die »weise« Frau und der tragische Held – findige Schriftsteller hätten diese Begegnung bestimmt anders gestaltet, für mich ist

---

[17] Hier kann ich mir einen Seitenhieb nicht verkneifen: manche Wochenend-Therapeut(inn)en könnten sich am Verhalten der Frau von En-Dor ein Beispiel nehmen. Sie holen im Rahmen von Workshops, Seminaren usw. auch allerlei aus der Tiefe, entlassen dann aber oft genug ihre Kundschaft einfach wieder in den Alltag.

[18] Sehen, dass er „erschrocken“ war (Vers 20) und ihm zu essen anbieten – oberflächlich gesehen eine unangemessene Reaktion. „Das Essen hilft nicht gegen die Angst (...) wohl aber gegen die Schwäche nach dem Fasten“. (Mommer, Samuel, S. 169)
Bei ganzheitlicher Betrachtung jedoch ist das Handeln der Frau der Situation durchaus angemessen und wirkt im besten Fall gegen Angst und Schwäche.

aber trotz mehrfacher redaktioneller Bearbeitung in dieser Erzählung eine gewaltige archaische Wucht spürbar.

Bevor Sauls Tod auf dem Schlachtfeld berichtet wird, schwenkt die Erzählung in den Kapiteln 29 und 30 noch einmal zu David um klarzustellen, dass dieser, obwohl bei den Philistern gelandet, in der Entscheidungsschlacht nicht unter den Gegnern Sauls zu finden ist, weil er gewissermaßen »beurlaubt« wird.

Der Verlauf der Schlacht im Gebirge von Gilboa wird in Kapitel 31 recht knapp erzählt; Saul stirbt nicht unbedingt den Heldentod. Bereits schwer verwundet und von philistäischen Bogenschützen heftig bedrängt bittet er seinen Waffenträger um den Todesstoß, um den „Unbeschnittenen“ nicht in die Hände zu fallen. (31,4)

Da aber offenbar niemand in Israel zu seinen Lebzeiten Hand an den König zu legen wagt, muss sich dieser selbst in sein Schwert stürzen... Mit ihm fallen drei seiner Söhne und „alle seine Männer“. (31,6)

Der Kreis von Sauls Wirksamkeit schließt sich mit einer weiteren Episode über Jabesch-Gilead. Die Philister hatten Sauls Leichnam – wie wohl damals üblich – an die Stadtmauer von Bet-Schean geheftet. Als sie davon hörten, zogen die Einwohner von Jabesch in einer nächtlichen Aktion aus, brachten die sterblichen Überreste ihres einstigen Retters und seiner Söhne in ihren Besitz und begruben sie in ihrer Stadt.

Im zweiten Buch Samuel, das nach Sauls Tod beginnt, wird in den Kapiteln 2 bis 4 eine Episode berichtet, die mir bis dato unbekannt war und sich nicht unbedingt mit meinem bisherigen Bild von der frühen Königsgeschichte Israels vereinbaren lässt.

David richtet nun zwar seine Königsherrschaft über Juda in Hebron auf, aber Teile der nördlichen Stämme verweigern ihm die Gefolgschaft, weil Sauls Heerführer Abner dessen Sohn Ischbaal *„mit sich nach Mahanajim genommen (hatte) und ihn* *zum König über Gilead, Ascher, Jesreel, Efraim und Benjamin und über ganz Israel gemacht.*“ (2, 8-9)

Also waren gar nicht alle Nachkommen Sauls in der Schlacht gefallen und der Feldhauptmann Abner hatte nicht nur sich, sondern auch Teile der militärischen Struktur retten können. Er sorgte so zwar nicht in „ganz Israel“, wohl aber in einem Teil des nördlichen Stammesgebietes, auf den weder die Philister noch David zugreifen konnten, für die vorläufige Kontinuität der Saulschen Dynastie. Über diesen Ischbaal ist nun wirklich wenig zu erfahren, von ihm werden keine Taten berichtet und keine Persönlichkeitsmerkmale überliefert – abgesehen von einer gewissen Mutlosigkeit, die aber wohl weniger eine Grundeigenschaft als ein Resultat der für ihn ungünstigen historischen Entwicklung ist. Dass er schon 40 Jahre alt war, als er König wurde, klingt zweifelhaft: dann müsste sein Vater Saul ja ein relativ hohes Alter erreicht haben.

Dass er nur zwei Jahre lang König war, ist dagegen plausibel angesichts der folgenden Entwicklungen.

In einem verbindenden Einschub zwischen zwei Episoden bilanzieren die Erzähler, dass im Verlaufe des Krieges David immer stärker wurde, „während das Haus Saul immer schwächer wurde“ (3,1b) Eher angesichts dieser Entwicklung als aufgrund eines anschließend berichteten Disputs mit Ischbaal ergreift Abner die Initiative, sucht David auf und bietet ihm an, seinen Einfluss in Israel dahin gehend geltend zu machen, dass David als alleiniger König anerkannt wird. Der zeigt sich Abners Vorschlägen gegenüber aufgeschlossen und lässt ihn in Frieden heimwärts ziehen. Abner wird jedoch auf dem Rückweg von Davids Feldhauptmann Joab ermordet. Die biblische Erzählung gibt als Motiv Blutrache an (der Anlass dafür wurde im vorhergehenden Kapitel auch erzählt) – der skeptische Beobachter wird den Verdacht jedoch nicht los, dass Joab seinen vielleicht aussichtsreichen Konkurrenten um das Amt des Heerführers für ein vereinigtes Israel aus dem Weg räumen wollte. Wer Heym, Drewermann & Co. gelesen hat, vermutet zudem hinter jedem Mord in dieser Zeit Davids langem Arm... Auch hinter dem nächsten: nach dem Tod seines Oberbefehlshabers verliert Ischbaal jeden Mut und bald auch sein Leben. Er wird im Schlaf von zwei seiner Truppenführer ermordet. Als die Mörder jedoch freudestrahlend David den Kopf seines Widersachers präsentieren, lässt dieser sie ebenso hinrichten wie seinerzeit den Amalekiter, der ihm die Nachricht vom Tode Sauls überbrachte und dummerweise behauptete, diesem selbst den Todesstoß versetzt zu haben.

David findet keinen Gefallen am Tode seiner Widersacher aus dem Hause Saul, er stimmt eine Totenklage für Abner an, hinterlässt ein Klagelied für Saul und Jonatan... Ein viel späterer und geringerer hat in einem ganz anderen Kontext das Wort von der »klammheimlichen Freude« geprägt – was hat David wirklich empfunden?

Politisch ist David nun am Ziel. Führerlos geworden kommen die Ältesten Israels zu ihm nach Hebron und schließen mit ihm einen Vertrag, auf dessen Grundlage sie ihn zum König salben. Von nun an herrscht er über Juda und Israel – erst jetzt ist die staatliche Einheit verwirklicht, die allerdings nur während Davids verbleibender und seines Sohnes Salomos ganzer Regierungszeit Bestand haben soll...

Die Ischbaal-Episode hat nicht nur dazu beigetragen, mein anfangs dargelegtes Vorverständnis zu korrigieren, sie hat mir auch geholfen, manche der hier erzählten Begebenheiten besser einzuordnen.

Zentrale Erkenntnis ist dabei: David war in keiner Weise der direkte Nachfolger Sauls. Als Herrscher über die nördlichen Stämme beerbte er vielmehr dessen Sohn Ischbaal. Als König eines vereinigten Israel hatte David gar keinen Vorgänger, weil es den israelitischen Stämmen bis dahin noch nicht gelungen war, ein einheitliches Staatsgebilde zu gründen. Das wurde verhindert durch die starken kanaanäischen Stadtstaaten einerseits und die andauernde Oberherrschaft der Philister über weite Teile des Landes andererseits. Saul herrschte als König vorwiegend in den nord-östlichen Landesteilen und residierte in seiner Heimatstadt Gibea. Davids Machtzentrum im Süden war zunächst Hebron. Die Auseinandersetzungen zwischen ihm und Saul über die Vorherrschaft in ganz Israel waren also weniger ein Bürgerkrieg als ein Bruderkrieg, weil es noch kein gemeinsames Territorium gab.

Die Anfänge von Sauls Herrschaft sind jedenfalls älter als die von Davids. Vielleicht hat dieser zunächst an Sauls Hof und in Sauls Heer gedient. Möglicherweise ist es dann zu einem Zerwürfnis gekommen, weil der König den jungen, erfolgreichen und offenbar sehr beliebten David nicht mehr in seiner Nähe dulden konnte. David ist dann vielleicht aus Sauls direktem Einflussbereich ausgewichen und hat versucht, im Süden des Landes, in erster Linie in Juda, Fuß zu fassen.

Ich halte es aber auch für möglich, dass es nie einen näheren Kontakt zwischen den beiden Männern gab, dass sich David völlig von sich aus im Süden zum Konkurrenten Sauls entwickelte. Die verschiedenen Flucht- und Verfolgungsgeschichten reflektieren dann eher Davids Versuche, zwischen den Einflusssphären von Saul und den Philistern eine eigene Hausmacht aufzubauen. Dass er zeitweise in deren Dienst getreten sein soll, könnte ein Indiz dafür sein, dass er sich an dieser Front Ruhe verschaffen wollte, bis die innerisraelitische Machtfrage in seinem Sinne geklärt war.

Es mag offen bleiben, wie es wirklich war... Hat Saul seinen Speer gegen David geschleudert, als dieser sich im Raum befand oder hat er nur gegen den unbequemen Konkurrenten da unten im Süden gewettert, der ihm einmal als »Retter Israels« den Rang ablaufen würde?

Lassen wir jetzt aber David endgültig außen vor und Saul zu sich kommen. Was für ein Mensch oder König war er denn nun?

Zunächst ist festzuhalten, dass es keine außerbiblischen literarischen oder materiellen Zeugnisse zu Sauls Person oder Herrschaft gibt. Daher gibt es unter Fachgelehrten nicht wenige Stimmen, die seine Historizität in Frage stellen und in ihm eine eher sagenhafte Gestalt (wie etwa König Artus) oder eine reine Kunstfigur sehen.[19]

Eine Mehrheit, der ich mich in diesem Fall anschließe, geht jedoch davon aus, dass die biblischen Berichte auf ältere Überlieferungen zurückgehen, die in der Tat aus der Anfangszeit des Königtums stammen: „Wenn es Saul nicht gegeben hätte, wäre er nicht erfunden worden."[20]

Historisch-politisch betrachtet war Saul eine zentrale Person in der Übergangszeit der israelitischen Stämme von der Sesshaftwerdung zur Gründung eines gemeinsamen Staates mit einem Territorium innerhalb fester Grenzen. In vielen Punkten erinnert gerade Sauls erster Auftritt als militärischer Führer an die vorangehenden Richter – anders als sie tritt er jedoch zeit seines Lebens nicht mehr ins zweite Glied zurück, sondern beginnt in bescheidenem Umfang, eine dauerhafte Zentralgewalt zu etablieren, mit einem stehenden Heer und einem Führungsstab, der sich teilweise aus seinen Verwandten zusammensetzt.

Im Vergleich zu den späteren Königen fehlen aber noch wesentliche Elemente einer staatlichen Organisation: ein Verwaltungsapparat (»Beamte«), eine Residenz und ein fest umrissenes in sich geschlossenes Territorium. Zu diesen Entwicklungen hat Saul an manchen Punkten den Grundstein gelegt und auch versucht eine Dynastie zu gründen; sein Sohn Ischbaal ist immerhin ein weiteres (wenn auch schwaches) Glied in dieser kurzen Kette.

---

[19] Barbara Green vertritt in ihrer Studie zum Ersten Samuelbuch (How are the mighty fallen? A dialogical study of King Saul in 1 Samuel. London 2003) die These, dass es der deuteronomistischen Endredaktion im 6. Jahrhundert v. Chr. weniger darum ging, die konkrete Geschichte eines individuellen Herrschers zu erzählen, als in ihm die Erfahrungen Israels mit seiner ganzen Königsgeschichte Gestalt annehmen zu lassen.

[20] Walter Dietrich: Die frühe Königszeit in Israel. 10. Jahrhundert v. Chr. Stuttgart [u.a.] 1997, S. 150.

Leistungen im kulturellen Bereich lassen sich Saul nicht zuschreiben. Forscher, die ihn aus historischer Perspektive bewerten, kommen dennoch überwiegend zu positiven Ergebnissen.[21]

Eine zentrale Führung und eine ständig einsetzbare Armee waren die Haupterfordernisse der Zeit, denen Saul entsprochen hat – aber erst nach Erlangung eines relativ sicheren Staatsterritoriums konnte auch der Aufbau einer zivilen Verwaltung und kultureller Einrichtungen in Angriff genommen werden.

Es gibt aber auch Stimmen, die davor warnen, die »Philisternot« als einziges oder zentrales Motiv für die Entstehung des Königtums in Israel zu sehen. Vielmehr spielten auch gesellschaftliche Veränderungen in der Folge der Sesshaftwerdung eine Rolle. So reichten die Verwandtschaftsbeziehungen nicht mehr als Grundlage für die Herausbildung einer Staatlichkeit aus, sodass eine neue Zentralinstanz entstehen musste.[22]

Ein spezielles Problem für alle Forscher und interessierten Laien stellt übrigens die Länge von Sauls Regierungszeit dar. Der Originaltext von 1. Sam. 13,1, der sich dazu äußert, ist „verderbt" oder unverständlich, gibt offenbar einen Zeitraum von zwei Jahren an. Während die Zürcher Bibel diesen Vers ausfallen lässt, lesen sich Luther-Bibel und Einheitsübersetzung hier ähnlich:

> *„Saul war ... Jahre alt, als er König wurde und er regierte zwei Jahre über Israel."*

Fast alle halten diese Angabe für fragwürdig und zwei Jahre als zu gering angesetzt.[23] Auch mir würden zwei Jahre als deutlich zu

---

[21] Z.B. Klaus-Dietrich Schunck, König Saul – Etappen seines Weges zum Aufbau eines israelitischen Staates. In: Biblische Zeitschrift, N.F. 36 (1992), S. 195 – 206.

[22] Darauf weist u.a. hin: Rainer Neu, Von der Anarchie zum Staat. Entwicklungsgeschichte Israels vom Nomadentum zur Monarchie im Spiegel der Ethnosoziologie. Neukirchen-Vluyn 1992.

[23] Nicht so Mommer in seinem TRE-Artikel zu Saul: „Die sehr kurze Dauer seines Königtums (...) ist hingegen weder textkritisch noch sachlich an-

wenig erscheinen. Anscheinend muss man mit allen Zahlen, die im Alten Testament genannt werden, sehr vorsichtig umgehen; dennoch sei ein Rechenexempel erlaubt. Über David wird gesagt, dass er 7 ½ Jahre in Hebron über Juda regierte, bevor er nach dem Tode Ischbaals König über ganz Israel wurde. (2. Sam. 5,2) Wenn Ischbaal aber nur zwei Jahre regiert hat und Saul vor ihm auch nur zwei Jahre geherrscht haben soll, hätte David mit dem Aufbau seiner judäischen Herrschaft schon vor Saul begonnen...

Möglicherweise ist aber viel Kopfzerbrechen darüber unnötig. Martin Buber hat in seiner Bibelübersetzung (mit Franz Rosenzweig) den strittigen Vers einfach zerlegt und seine zweite Hälfte als temporalen Nebensatz mit dem darauf folgenden Vers 2 verknüpft:

> *„Als er zwei Jahre über Jisrael König gewesen war, wählte sich Schaul dreitausend aus Jisrael...“*

Er ging nach zwei Jahren also dazu über, ein stehendes Heer aufzubauen.

Wie schon zugegeben: ich kann kein Hebräisch und die Übersetzung nicht bewerten, aber so würden die zwei Jahre nur einen Abschnitt markieren; die Frage nach seinem Alter und der gesamten Dauer seiner Herrschaft bliebe dann offen...[24]

Beim Versuch, Saul aus theologischem Blickwinkel zu werten, sind wir bereits durch die biblischen Texte in eine bestimmte Richtung gewiesen. Wie schon erwähnt sind sich nahezu alle Forscher darin einig, dass die Erzählungen der Samuelbücher durch die sogenannte deuteronomistische Redaktion ihre vorliegende Gestalt erhalten haben. Diese Schule deutete die Geschichte Israels und seiner Könige als Resultat göttlichen Handelns. Ein König, der

---

zuzweifeln. Die Philister werden nicht lange tatenlos zugesehen haben...“ (S. 58)

[24] Diese Sicht stützt auch Siegfried Kreuzer: »Saul war noch zwei Jahre König...« Textgeschichtliche, literarische und historische Beobachtungen zu 1. Sam. 13,1. In: Biblische Zeitschrift N.F. 40 (1996), S. 263 - 270.

scheitert, ist von Gott verworfen. Und da Gott nicht nach Belieben erwählt und verwirft, muss der verworfene König sich schuldig gemacht haben.

Deutlich ausgesprochen werden zwei Verwerfungen durch Samuel: einmal hat Saul nicht lange genug auf ihn gewartet und eigenmächtig geopfert, einmal hat Saul Gottes Befehl nicht vorbehaltlos Folge geleistet und das Banngebot missachtet. Indirekt und nur noch durch Samuels Geist wird ihm vorgehalten, sich von Gott abgewandt und sein Heil in Weissagung und Totenbeschwörung gesucht zu haben.

All dies sind Verstöße gegen das Gesetz, wie es besonders im Deuteronomium, niedergelegt ist. Zu bedenken ist, dass bei den expliziten Verwerfungen Sauls ihm keine der Verfehlungen zur Last gelegt wird, von denen in der sog. Aufstiegsgeschichte Davids berichtet wird – hätte Gott nicht beispielsweise das Gemetzel an der Priesterschaft von Nob viel eher ahnden müssen? Das bestärkt die Einschätzung, dass die in der Davidgeschichte berichteten Untaten Sauls nur sekundär sind – wie immer man dieses Wort deuten mag...

Verlassen wir die Gesetzesreligion – die deuteronomistischen Gesetze sagen uns nichts mehr und der Gott, an den wir glauben, verfügt über mehr Weite als der mitunter eifernde und eifersüchtige Jahwe aus Israels Frühzeit. Was Samuel als Kläger und Richter vorbringt, kann uns nicht mehr überzeugen.

Wenn wir die erzählten Geschichten stehen lassen wollen: wo hat sich Saul aus heutiger Sicht verfehlt?[25]

Ich würde sagen, ihm mangelte es in wichtigen Situationen an Vertrauen und an Konsequenz im Umsetzen von Gottes Auftrag. Er ist nicht immer der »starke Mann« sondern er leidet eher unter

[25] Ein jüngerer Versuch einer Antwort ist der Aufsatz von Klara Butting: Sich verantworten, statt tragisch untergehen. Saul – verworfener König und erwählter Messias. In: Theologie der Gegenwart 54 (2011), S. 191 – 205.

»Führungsschwäche« und mitunter mangelndem Selbstvertrauen. Und die letzte Schwäche von Saul – bei seinem Gang nach En-Dor – würde darin bestehen, dass er sich zu Unrecht von Gott verlassen wähnt, als alle äußeren Anzeichen gegen ihn sprechen.

Meine Ausführungen nähern sich ihrem Ende. Die Auseinandersetzung mit den biblischen Texten bleibt jedoch ein offener Prozess. Jede Zeit wird ihre eigenen Fragen an sie stellen, angesichts neuer Erfahrungen und Erkenntnisse. Aber auch hier und jetzt können unterschiedliche Leserinnen und Leser den Geschichten verschiedene Botschaften entnehmen – abhängig von ihrer je eigenen Persönlichkeit und Lebensgeschichte. Selbst für ein und dieselbe Person können verschiedene Sichtweisen und Zugänge sich durchdringen und überlagern – davon zeugt unter anderem dieser Text.

Mir scheinen nämlich mindestens zwei Interpretationen der En-Dor-Geschichte möglich: im Mittelteil habe ich mich zeitweise einer »gottlosen« Sicht der Dinge angenähert und eine starke Sympathie für Saul als einsamen Kämpfer entwickelt, dem mächtige Gegner nicht nur innerhalb der Welt zusetzen, sondern dem sogar sein Gott zum Feind geworden ist (so wie es Samuel in 28,16 selbst sagt.)[26] Der »richtige« Held ist einsam, er hat Menschen und Götter zu Gegnern, bindet sich an niemand und durchsteht letztlich alle Krisen und Kämpfe allein. Ihn umgibt eine ausgeprägt männliche Welt, in der auch Gott die dazu passenden Züge trägt und in der Güte, Liebe, Solidarität und Empathie zu kurz kommen.

Die Geschichte von Sauls Untergang ließe sich mit Fug und Recht in ein solches Weltbild einordnen – wäre da nicht am Ende die Bewirtung durch die Frau von En-Dor, die den am Boden zerstörten König wieder aufrichtet. Auch wenn man an der jahwe-kritischen

---

26 „Saul encounters God's dark side" und „he feels directly the terror of divine enmity". J. Cheryl Exum: Tragedy and the biblical narrative, Cambridge 1992, S. 40 bzw. 41.

Deutung festhält, ist die Welt dadurch schon in ein anderes Licht gerückt: selbst in der bittersten Stunde ist es möglich, dass uns liebevolle Zuwendung oder mitmenschliche Solidarität widerfährt – ganz gleich, wie Gott in diesem Moment zu uns steht.[27]

Wenn aber – und das ist die andere Sichtweise – zu dem Gott, an den wir Heutigen glauben, wesentlich die Liebe gehört, offenbart sie sich in dieser Geschichte nicht am ehesten im Handeln der Frau von En-Dor? Wird dann die vermeintliche Hexe nicht zu einer Art Engel, durch den Gott sich ein letztes Mal dem ganz unten angekommenen Saul zuwendet?[28]

---

[27] Die in der vorigen Anmerkung angedeutete jahwe-kritische Interpretation der Saul-Geschichte wird auch von anderen Forschern geteilt.

Dass Gott vor allem im Alten Testament auch eine dunkle Seite hat und dass gerade Saul (im Gegensatz zu David) diese kennenlernt, arbeitet David M. Gunn heraus. (The fate of King Saul – an interpretation of a biblical story. Sheffield 1980)

[28] „Vielleicht spricht Gott, möchte man denken, weder durch Totengeister noch durch Propheten ... vielleicht ist dies das einzig wirkliche göttliche Wort der ganzen Geschichte, dass eine Frau sagt: Ich hab' mein Leben gewagt, als ich tat was du wolltest ... aber du, der du noch lebst, solltest dich lebend vollziehen, und jede Stunde verdient, bewahrt zu bleiben." Drewermann, Das Königreich Gottes in unserer Seele, S. 185.

Sabine Haupt-Scherer im geistlichen Wort (WDR) vom 16. 9. 2007:

„Ihn zu retten ist unmöglich. Was bleibt, ist ihn zu stärken für seinen letzten Weg. Was bleibt, ist: in Verbundenheit und Fürsorge an seiner Seite zu bleiben. Das Leben zu teilen bis zum letzten Atemzug. So kocht und backt die Frau von En-Dor für den König und überredet ihn zum Essen. Mitten im Horror des Krieges, de Verachtung und der Verzweiflung: ein kleiner, fast zärtlicher Augenblick. Ein Moment, in dem das Leben, die Gastfreundschaft und die Nächstenliebe geachtet werden, in dem die Frau alles für ihn auftischt, was sie hat. Ein Moment, in dem der König nichts tun muss, um sich die Achtung zu verdienen, in dem er als ein Mensch behandelt wird, der es wert ist, geschätzt zu werden. Ein winziger Moment, in dem zwei Menschen, die sich fremder nicht sein könnten, sich stärken, achten, stehen lassen und wieder loslassen können unter Todesgefahr."

Eventuell sollte man das Pendel jedoch - in der Absicht, Saul und die Frau zu rehabilitieren - nicht komplett zur anderen Seite hin ausschlagen lassen. Möglicherweise offenbaren sich in En-Dor am ehesten zwei Seiten Gottes in zwei verschiedenen Figuren. Vielleicht ergänzen sich der Prophet und die Nekromantin, halten einander die Waage, indem sie die „männliche" (richtende und strafende) und die „weibliche" (sich erbarmende und aufrichtende) Seite Gottes vertreten.[29]

[29] Auf diese Balance weist z.B. Uriel Simon hin und sieht „the witch as the messenger of divine empathy". (1 Samuel 28, 3-25: the stern prophet and the kind witch. In: Wünschet Jerusalem Frieden! Collected communications of the XIIth Congress of the International Organization for the Study of the Old Testament, Jerusalem 1986. Frankfurt a.M. (u.a.) 1988, S. 285.

Barbara Green sieht die Frau eher als eine Verkörperung der Weisheit:

„Amid various explanations offered, it seems best to me to consider the woman as a wisdom figure ‹...› Wisdom, as God's tangible emissary and ancient intimate, consort and advisor of kings, has tendered the man before her a word he can finally obey. It is a reconciliation of sorts with the divine realm, offered subtly, help ‚from another quarter', as Mordecai will later advise Ester (Est. 4,14)." (Green: How are the mighty fallen?, S. 433)

Literatur

Ulrich Berges: Die Verwerfung Sauls. Eine thematische Untersuchung. Würzburg 1989. (Diss. Rom 1988)

Klara Butting: Sich verantworten, statt tragisch untergehen. Saul – verworfener König und erwählter Messias. In: Theologie der Gegenwart 54 (2011), S. 191 – 205

Walter Dietrich: David, Saul und die Propheten. Das Verhältnis von Religion und Politik nach den prophetischen Überlieferungen vom frühesten Königtum in Israel. 2., verbesserte und erweiterte Auflage. Stuttgart [u.a.] 1992

Walter Dietrich und Thomas Naumann: Die Samuelbücher. Darmstadt 1995. (Erträge der Forschung ; 287)

Herbert Donner: Die Verwerfung des Königs Saul. In ders.: Aufsätze zum Alten Testament aus vier Jahrzehnten. Berlin [u.a.] 1994, S. 133 – 164

Eugen Drewermann: Das Königreich Gottes in unserer Seele. Predigten über die Bücher Samuel und Könige. München / Zürich 1999

J. Cheryl Exum: Tragedy and biblical narrative. Arrows of the Almighty. Cambridge 1992

Israel Finkelstein / Neil A. Silberman: David und Salomo. Archäologen entschlüsseln einen Mythos. München 2006

Irmtraud Fischer: Gotteskünderinnen. Zu einer geschlechterfairen Deutung des Phänomens der Prophetie und der Prophetinnen in der Hebräischen Bibel. Stuttgart 2002

Georg Fohrer: Geschichte Israels. Von den Anfängen bis zur Gegenwart. 3., durchgesehene und ergänzte Auflage. Heidelberg 1982

Barbara Green: How are the mighty fallen? A dialogical study of King Saul in 1 Samuel. London 2003

David M. Gunn: The fate of King Saul - an interpretation of a biblical story. Sheffield 1980 (Journal for the study of the Old Testament supplement series ; 14)

Georg Hentschel: Saul. Schuld, Reue und Tragik eines Gesalbten. Leipzig 2003. (Gestalten der Bibel ; 7)

Johannes Klein: David versus Saul. Ein Beitrag zum Erzählsystem der Samuelbücher. Stuttgart 2002. (Diss. Bern 2001)

Michael Kleiner: Saul in En-Dor. Wahrsagung oder Totenbeschwörung? Eine synchrone und diachrone Analyse von 1. Sam 28, 3 - 25. Leipzig 1995 (Diss. Erfurt 1991)

Heinrich Kraus / Max Küchler: Saul - Der tragische König. Das erste Buch Samuel in literarischer Perspektive. Stuttgart [u.a.] 2010

Siegfried Kreuzer: »Saul war noch zwei Jahre König...« Textgeschichtliche, literarische und historische Beobachtungen zu 1. Sam. 13,1. In: Biblische Zeitschrift N.F. 40 (1996), S. 263 - 270

Rainer Neu, Von der Anarchie zum Staat. Entwicklungsgeschichte Israels vom Nomadentum zur Monarchie im Spiegel der Ethnosoziologie. Neukirchen-Vluyn 1992

Eleonore Reuter: Wer sich auf Tote einlässt, bezahlt mit dem Leben. Saul bei der Totenbeschwörerin von En-Dor. In: Bibel und Kirche 61 (2006), S. 16 - 20

Silvia Schroer: Die Samuelbücher. Stuttgart 1992. (Neuer Stuttgarter Kommentar Altes Testament ; 7)

Silvia Schroer: Häusliche und außerhäusliche religiöse Kompetenzen israelitischer Frauen - am Beispiel von Totenklage und Totenbefragung: In: lectio difficilior Ausgabe 1/2002

Klaus-Dietrich Schunck, König Saul – Etappen seines Weges zum Aufbau eines israelitischen Staates. In: Biblische Zeitschrift, N.F. 36 (1992), S. 195 – 206

Eben Scheffler: Saving Saul from the deuteronomist. In: Past, present, future: the deuteronomistic history and the prophets, Leiden [u.a.] 2000, S. 263 – 271

Uriel Simon: 1 Samuel 28, 3-25: the stern prophet and the kind witch. In: Wünschet Jerusalem Frieden! Collected communications of the XIIth Congress of the International Organization for the Study of the Old Testament, Jerusalem 1986. Matthias Augustin, Klaus Schunck (Hrsg.), Frankfurt a.M. [u.a.] 1988, S. 281 – 287

Gerd Theißen: Die Humanität der Hexe und die Verzweiflung des Königs Saul. In ders.: Erlösungsbilder. Predigten und Meditationen. Gütersloh 2002, S. 31 – 38

Predigt über 1. Sam 28, 3-25

Ein dicker Brocken, ein umfangreicher Predigttext...
Eine düstere Geschichte mit einem für manche vielleicht verstörenden Inhalt

Totenbeschwörung, Geisterbefragung?

Ist das nicht Saul, der von Gott verworfene König?
Der von einem bösen Geist heimgesucht wurde?
Der seinem Nachfolger David nach dem Leben trachtete?

Der in En-Dor an seinem Tiefpunkt ankommt und seinen finalen Fehltritt begeht:
„wer sich auf Tote einlässt, muss mit dem Leben bezahlen"...

Das ist die alte Auslegung mit dem erhobenen Zeigefinger,
die Saul als dunkle Gestalt auf Abwegen sah.

Die Zeiten, wo man den Menschen mit der Bibel Angst gemacht hat, sind hoffentlich vorbei.

Ich will versuchen, auch aus dieser so düsteren Geschichte einen Hoffnungsschimmer zum Leuchten zu bringen und mich dabei auf Saul konzentrieren, dem ich mich in mancher Hinsicht durchaus wie einem Bruder annähern möchte.

Die Geschichte möchte ich in vier einfachen Sätzen zusammenfassen:

1. Saul befindet sich in einer schweren Lebenskrise.

2. Er findet keinen Kontakt zu Gott.

3. Saul sucht den Kontakt auf einem ungewöhnlichen Weg.

4. Er bekommt eine zweifache Antwort: eine niederschmetternde und eine aufrichtende.

1. Saul befindet sich in einer schweren Lebenskrise:

Saul bekam „große Angst und sein Herz begann zu zittern".
Unübersehbar ist der Aufmarsch der Philister, der übermächtige und auf Dauer nicht zu besiegende Feind holt vielleicht zum entscheidenden Schlag aus.
Wir sind keine Könige, was könnte dem entsprechen?
Eine drohende Krankheit, unlösbare Aufgabe, zerbrechende Beziehung...
Etwas oder jemand dringt in unseren Lebenskreis ein und wir sind dagegen machtlos.

2. Saul findet keinen Kontakt zu Gott:

Wer in Beziehung zu Gott lebt, wird gerade in einer Krisensituation bei ihm Rat und Beistand suchen.

So ist es auch bei Saul - aber Gott hat sich von ihm offensichtlich abgewandt.
Er spricht zu ihm weder durch Träume, noch durch das Los, noch durch Propheten...
Das waren offenbar damals die gewohnten Wege - sein einstiger direkter Mittler Samuel, das wird eingangs eigens angemerkt, ist inzwischen gestorben und hat anscheinend keinen gleichwertigen Nachfolger gefunden.

Kennen wir das auch: wir hören Gott nicht?
In der Kirche: da vorne steht einer und spricht, aber nicht zu mir,
ich lese in der Bibel und sehe nur Buchstaben und Wörter, aber keinen Sinn,
ich bete zu Gott, aber höre nur mich selbst reden...

Spricht Gott in diesen Fällen wirklich nicht zu uns, oder können wir ihn nicht hören (weil er nicht auf den gewohnten Frequenzen sendet)

oder wollen wir nicht hören, weil wir gerne etwas anderes gesagt bekämen?
Die Frage möchte ich offen lassen – aber ich denke, auf jeden Fall gibt es auch Zeiten, wo Gott tatsächlich nicht zu uns redet.
Gottesferne, Gottesfinsternis – das sind nicht nur Wortspiele, das sind mitunter bittere Erfahrungen und Wegstrecken.

3. Saul sucht den Kontakt auf einem ungewöhnlichen Weg:

Was macht jemand, der in einer Krise steckt und von Gott keine Antwort bekommt?
Verzweifeln? An Gott zweifeln, andere Götter suchen?

Nicht so Saul, er bricht nicht das Erste Gebot, er will „keine Götter haben neben mir":
er sucht Samuel als Mittler zu Jahwe,
nicht etwa Baal, Aschera oder einen anderen fremden Gott...

Aber verkleidet bricht er auf und in der Nacht
Ist das nicht sein schlechtes Gewissen?
Das müsste er haben, wenn er sich anderen Göttern zuwenden würde.
Aber das kann man ihm nicht vorwerfen, allenfalls die oft beobachtete Neigung der Herrschenden, sich selbst nicht an die Regeln zu halten, die sie für ihre Untertanen aufgestellt haben (sie „predigen öffentlich Wasser und trinken heimlich Wein", wie es Heinrich Heine so schön formuliert hat...)

Soll dieses nächtliche Unkenntlich-Machen hier nicht eher andeuten, dass er seine Rolle als Herrscher ablegt und damit vielleicht alles, was einer offenen Antwort im Wege steht?

Er ist jetzt nur noch Rat suchender gewöhnlicher Sterblicher?

Was kann das für uns bedeuten?

Muss man mitunter die gewohnten Wege verlassen, um Gott zu begegnen?

Sich von Vertrautem verabschieden und Neues wagen?

Hat man in einer wirklichen Krise überhaupt noch eine Wahl?

4. Saul bekommt eine zweifache Antwort: eine niederschmetternde und eine aufrichtende:

Für manche ist das der eigentliche Skandal in dieser Geschichte: Samuel erscheint tatsächlich – wie das bewerkstelligt wird, bleibt offen und ist nicht wichtig.

Ich musste dabei unwillkürlich an die Jahreslosung denken:

Was bei den Menschen unmöglich ist, das ist bei Gott möglich...

Aber was tut Samuel? Er wird keineswegs zum rettenden Engel sondern bestätigt nur die alten Vorwürfe:

„im Grunde war es dir doch schon klar und du hättest dir diesen ganzen Hokuspokus sparen können – doch wenn du's genau wissen willst: die Schlacht gegen die Philister wird eine furchtbare Niederlage und du wirst mit deinen Söhnen dein Leben verlieren!"

Das wirft auch den einst so hoch aufragenden König nieder.

Kennen wir das nicht auch?
Ahnen wir es nicht oft genug und wollen es doch nicht so genau und unwiderruflich wissen?
Die insgeheim längst befürchtete Krebsdiagnose?
Das Kündigungsschreiben?
Den Abschiedsbrief?

Es wird nicht immer alles wieder gut,
man kann seine alten Versäumnisse nicht einfach abstreifen.

Also hat der nächtliche Irrweg Saul am Ende nur sein längst schon besiegeltes Schicksal vor Augen geführt?
Wenn das alles wäre und damit die Geschichte am Ende,
hätte ich mir nicht erlaubt, über sie zu predigen...

Aber es passiert noch etwas, und das ist nicht einfach ein Nachspann, wie manche meinen, sondern eine wichtige Wendung: unerwartetes geschieht!
Wäre nicht anderes wahrscheinlicher (menschlicher) gewesen?
Hätte es nicht näher gelegen, wenn nun die Schadenfreude der Frau obsiegt hätte?
Hätten nicht die Männer, angesichts des gewissen Untergangs, eher ihren gestürzten Herrscher im Stich lassen sollen, um ihr eigenes Leben zu retten?
Aber die Frau – die in Saul eigentlich ihren größten Feind sehen müsste, der ihren Berufsstand verfolgt und vernichtet hat – richtet den König wieder auf und bereitet ihm ein Mahl, was ihn in die Lage versetzt, seinen letzten Weg aufrecht zu gehen.

Seine beiden Begleiter – sind das seine Bodyguards oder seine engsten Vertrauten? Sie unterstützen die Frau und begleiten Saul auf seinem Weg zurück durch die Nacht.

Solche Zuwendung, solche Begleitung wünsche ich mir, wünsche ich allen auf schweren und letzten Wegen!

Pfarrerin Sabine Haupt-Scherer hat dazu in einer Rundfunkandacht gesagt:

> *... ein kleiner, fast zärtlicher Augenblick. Ein Moment, in dem das Leben, die Gastfreundschaft und die Nächstenliebe geachtet werden, in dem die Frau alles für ihn auftischt, was sie hat.*
> *Ein Moment, in dem der König nichts tun muss, um sich die Achtung zu verdienen, in dem er als ein Mensch behandelt wird, der es wert ist, geschätzt zu werden. Ein winziger Moment, in dem zwei Menschen, die sich fremder nicht sein könnten, sich stärken, achten, stehen lassen und wieder loslassen.*

Ein kleines, Hoffnung machendes Beispiel dafür, wie es zwischen Menschen sein kann...

Was aber hat das mit Gott zu tun, der in unserer Geschichte doch Saul zunächst das Gespräch verweigert und ihn dann, wie es scheint, durch den Mund Samuels endgültig für verworfen erklärt?

Der katholische Theologe Eugen Drewermann, der sich auch mit dieser Geschichte eindringlich beschäftigt hat, schreibt dazu:

> *Vielleicht spricht Gott, möchte man denken, weder durch Totengeister noch durch Propheten ... vielleicht ist dies das einzig wirkliche göttliche Wort der ganzen Geschichte, dass eine Frau sagt: Ich hab' mein Leben gewagt, als ich tat was du wolltest ... aber du, der du noch lebst, solltest dich lebend vollziehen, und jede Stunde verdient, bewahrt zu bleiben.*

Spricht Gott so durch die Frau von En-Dor?

Es gibt sogar neue Ausleger, die noch weiter gehen und die Frau, die in der alten Deutungstradition oft als Hexe bezeichnet wurde, nun als Engel betrachten wollen.

Ich bin nicht sicher, ob das nicht zu sehr schwarz / weiß gezeichnet ist – von einem Extrem muss man nicht unbedingt in das andere fallen, Engel haben derzeit vielleicht etwas zu viel Konjunktur...

Fragen, aber nicht verkünden möchte ich dagegen, ob sich möglicherweise in den beiden Antworten, die Saul zuteilwerden, zwei verschiedene Seiten von Gott offenbaren:

die väterliche oder männliche (vertreten durch Samuel), die Gesetze aufstellt, richtet und mitunter straft, die nicht einfach alles vergibt und uns abnimmt, eine Seite Gottes, die im Alten Testament oft zu erleben ist

und die mütterliche, weibliche (angedeutet durch die Frau), die ihren Zorn mitunter bedauert, sich den Menschen zuwendet, die uns nicht am Boden liegen lassen will, sondern aufrichtet, annimmt und begleitet.

Die Suche nach Gott, das Ringen mit ihm kommt nicht immer zu einem Ergebnis, wie wir es erhoffen: nicht immer geht der Kelch an uns vorüber, die finsteren Täler werden uns nicht jedes Mal erspart bleiben, aber keine(r) von uns geht einfach verloren, bleibt nur auf der Strecke, fällt unbemerkt von Gott und Menschen aus der Welt...

Das Geschehen in En-Dor erinnert mich an ein anderes nächtliches Ringen: Jakob (der am Jabbok mit Gott selbst oder einem seiner Boten kämpft) wird von seinem Gegenüber einerseits gesegnet, andererseits jedoch an der Hüfte verletzt, sodass er davon gezeichnet bleibt.

Während die Geschichte für Jakob gut ausgeht: ihm geht die Sonne auf – sieht es für Saul eher düster aus: er geht hinaus in die Nacht und seinem gewissen Tod entgegen. Aber: Jakob hinkt, Saul geht aufrecht.

Samuel behält also nicht das letzte Wort mit seiner endgültigen Verwerfung: auf dem Schlachtfeld fällt der König, doch Saul bleibt aufgehoben...

Predigt über Lukas 9, 57-62

57 Und als sie auf dem Wege waren, sprach einer zu ihm: Ich will dir folgen, wohin du gehst.

58 Und Jesus sprach zu ihm: Die Füchse haben Gruben und die Vögel unter dem Himmel haben Nester; aber der Menschensohn hat nichts, wo er sein Haupt hinlege.

59 Und er sprach zu einem andern: Folge mir nach! Der sprach aber: Herr, erlaube mir, dass ich zuvor hingehe und meinen Vater begrabe.

60 Aber Jesus sprach zu ihm: Lass die Toten ihre Toten begraben; du aber geh hin und verkündige das Reich Gottes!

61 Und ein andrer sprach: Herr, ich will dir nachfolgen; aber erlaube mir zuvor, dass ich Abschied nehme von denen, die in meinem Haus sind.

62 Jesus aber sprach zu ihm: Wer seine Hand an den Pflug legt und sieht zurück, der ist nicht geschickt für das Reich Gottes.

Bei meiner ersten Predigt hier vor acht Wochen habe ich über einen selbst gewählten Text gesprochen, mit dem ich mich gut auskannte.

Heute, beim zweiten Mal, ist das Ganze schon ein wenig alltäglicher und ich habe beschlossen, den vorgeschlagenen Predigttext zu nehmen.

Zwischendurch habe ich mich allerdings selbst gefragt, ob das eine kluge Entscheidung war, denn dies ist kein leichter Text für eine Predigt, darin bin ich mir mit etlichen „richtigen" Theologen einig, die schon darüber geschrieben haben.

Nicht, weil er schwer zu verstehen ist – der spricht durchaus eine deutliche Sprache, sondern weil es nicht leicht fällt zu sagen, was für uns daraus folgt...

Daher werde ich den größeren Teil meiner Überlegungen der Frage widmen, was dieser Text heute für Konsequenzen haben kann.

Es handelt sich um drei Episoden oder kurze Dialoge unter der gemeinsamen Überschrift „von der Nachfolge“ oder gar „vom Ernst der Nachfolge“, letzteres schon ein Hinweis darauf, dass diese Worte nicht leicht zu nehmen sind.

Für mich sind die drei Abschnitte dabei durchaus von unterschiedlicher Schärfe.

Zunächst der unbehauste Menschensohn, wandernd all die Zeit – aber das ist auch aus dem AT ein bekanntes Motiv: Abraham, der aufbricht – Jakob der flieht und zurückkehrt und gerade unterwegs die eindrucksvollsten Begegnungen mit Gott hat – das wandernde Gottesvolk unter Führung des Mose usw.

Wer mit Jesus aufbricht, ist keiner, der sich ein Nest baut, der sich in einer Höhle verkriecht, sich häuslich einrichtet – das ist durchaus nachvollziehbar.

Härter ist es, wenn man sich vor diesem Aufbruch nicht von seinen Liebsten verabschieden darf wie in der dritten Episode, menschlicher scheint es in einer vergleichbaren Geschichte aus dem Alten Testament zuzugehen, der Berufung des Elischa durch Elias:

> *19 Und Elia ging von dort weg und fand Elisa, den Sohn Schafats, als er pflügte mit zwölf Jochen vor sich her, und er war selbst bei dem zwölften. Und Elia ging zu ihm und warf seinen Mantel über ihn.*
>
> *20 Und er verließ die Rinder und lief Elia nach und sprach: Lass mich meinen Vater und meine Mutter küssen, dann will ich dir nachfolgen. Er sprach zu ihm: Wohlan, kehre um! Bedenke, was ich dir getan habe!*
>
> *21 Und Elisa wandte sich von ihm weg und nahm ein Joch Rinder und opferte es, und mit den Jochen der Rinder kochte er das Fleisch und gab's den Leuten, dass sie aßen. Und er machte sich auf und folgte Elia nach und diente ihm.*
>
> (1. Kön. 19)

Es ist zwar nicht gesagt, dass Jesus dem Mann letztlich verbietet, sich noch zu verabschieden, doch sein Bild von der Hand am Pflug, die sich nicht mit dem Blick zurück verträgt, weist in eine deutliche Richtung.

Für mich die härteste Zumutung ist jedoch die mittlere Episode mit dem durchaus zum geflügelten Wort gewordenen Satz: *„Lass die Toten ihre Toten begraben"*.

Was damit im Grundsatz gemeint ist, ist ja durchaus zu akzeptieren: wer sich immer nur mit Vergangenem beschäftigt, mit Dingen, die keine Zukunft mehr haben, setzt seine eigene Zukunft aufs Spiel...

Aber wer von uns, der/die schon den eigenen Vater begraben hat, weist nicht im ersten Moment aus innerstem Gefühl diese Aufforderung zurück?

Gilt nicht darüber hinaus das vierte Gebot (*„Du sollst Vater und Mutter ehren*") – und wer wird nicht seinem Vater die letzte Ehre erweisen wollen? Wem ist das nicht Bedürfnis und Pflicht zugleich?

Andererseits passt das zu anderen Äußerungen Jesu, die auch die familiären Bindungen mehr als einmal in Frage stellen:

> (*...ich bin gekommen, einen Mann mit dem Vater zu entzweien und eine Tochter mit der Mutter und eine Schwiegertochter mit der Schwiegermutter...*, Mt. 10,35)

Alle drei Texte zusammen zeigen auf, welch radikale Anforderungen Jesus an die Nachfolge stellt.

Es wird nicht berichtet, wie die drei Nachfolge-Kandidaten auf Jesu Zumutungen reagieren, aber irgendwie hat man doch das Gefühl, dass sie wie der reiche Jüngling eher traurig zurückbleiben, als dass sie sich kurzentschlossen anschließen.

Auch für die meisten von uns sind diese Ansprüche gewiss zu radikal, wobei es möglicherweise noch Unterschiede gibt, wo jeweils die Grenze des Zumutbaren überschritten wird.

Ich werde nun auszuloten versuchen, ob sich dennoch eine tragfähige Beziehung zwischen diesem Text und uns Heutigen herstellen lässt...

Wenn eine unüberwindbare Diskrepanz zwischen einem an uns gestellten Anspruch und unserer Bereitschaft oder Fähigkeit, ihm zu entsprechen besteht, liegt es meist am nächsten, den äußeren Anspruch als zu weit gehend zurückzuweisen.

Man könnte dabei Jesus nicht nur mit den Attributen extrem und radikal versehen, sondern ihm sogar den Vorwurf machen, totalitär zu sein: den ganzen Menschen für seine Sache zu beanspruchen, ihn aus seinen sozialen Zusammenhängen heraus zu reißen, Kinder ihren Familien zu entfremden und somit letztlich das komplette soziale Gefüge in Frage zu stellen.

Übrigens haben die Mächtigen seiner Zeit Jesus ja in etwa so eingeordnet und ihn nicht zuletzt deswegen zum Schweigen bringen wollen und ans Kreuz geschlagen.

Wenn wir uns aber auf ihn berufen und uns nach ihm nennen. jedoch seine Anforderungen an die Nachfolge für uns persönlich als zu hart ansehen, müssen wir uns dann nicht selbst für zu weich halten, die Versager, die mit den Ansprüchen seiner Nachfolge überfordert sind, die bequem eingerichteten, zu keinem Risiko bereiten, letztlich das, was man bürgerliche Existenzen nennt? Und damit auch „*nicht geschickt für das Reich Gottes*“?

Diese Frage sollte sich jede/r selbst stellen, dazu will ich von hier vorn nichts sagen – getreu nach Jesu eigenen Worten:

wer von Euch ohne Fehl ist, der werfe den ersten Stein...

Ich frage aber, ob die Antwort uns weiterhelfen würde. Fühlen wir uns dann nicht eher klein und mutlos und durchaus nicht zum Aufbruch bereit?

Anbieten kann ich allerdings ein paar Überlegungen, wie sich der zunächst unüberwindbar erscheinende Abstand zwischen Jesu Anspruch und unseren Möglichkeiten überbrücken ließe.

Zunächst: was Jesus da gesagt hat, hat er vor 2.000 Jahren gesprochen. Seitdem haben sich die Zeiten geändert. Die nomadisierende Lebensweise, zu seiner Zeit durchaus noch bekannt, gehört heute weitgehend der Vergangenheit an. Wir leben in Häusern, Städten, stabilen sozialen Systemen. Wer von uns legt heute noch persönlich die Hand an den Pflug? Hätte Jesus seine Botschaft heute zu verkünden, würde er andere Bilder gebrauchen – also müssen wir die alten Texte und ihren Wortlaut nicht zu sehr auf die Goldwaage legen...

Zweitens: was Jesus da verlangt, gilt ja nur für einen auserwählten Kreis von Jüngern und Nachfolgern, er hat sich mit seinen Aussprüchen jeweils an Einzelne gewandt und nicht an die Menge. Die zur Debatte stehenden Forderungen hat er nicht auf dem Berg zu einer Menge von Menschen erhoben, er hat sie schon gar nicht wie später ein anderer in einer Sportpalastrede gebrüllt:

Wollt Ihr die Totale Nachfolge? Wollt ihr sie, wenn nötig, totaler und radikaler, als wir sie uns heute überhaupt vorstellen können?

Nein, seine Worte sind in sehr persönlichen, fast intimen Gesprächssituationen gesprochen worden. (Wie soll denn auch eine Gesellschaft funktionieren, wenn sich alle auf den Weg machen und keiner mehr verlässlich an dem Platz bleibt, wo er sein Zuhause, seine Angehörigen, seine Arbeit hat?) Und die kleine Schar der Berufenen und Auserwählten hat sich doch zu aller Zeit gefunden: Eremiten, Bettelmönche, Männer und Frauen, die der Welt entsagen und sich dem Dienst im Sinne Jesu widmen – ich denke, Mutter Teresa wäre dafür ein Beispiel, das uns allen noch in Erinnerung ist.

Und schließlich: die Äußerungen Jesu sind weniger als zwingende Auflagen oder als eindeutige Befehle zu verstehen, sondern vielmehr als Dinge, die er zu bedenken gibt, Grundsätze, an denen man sich orientieren muss, um in der Nachfolge nicht vom Kurs abzukommen oder gar den Moment des Aufbruchs zu verpassen.

Verbietet er denn wirklich dem einen, seinen Vater zu begraben oder dem andern, sich von seinen Liebsten zu verabschieden?

Das klingt durchaus plausibel und macht die Sache für uns einfacher, nimmt dem Mann aus Nazareth aber die Schärfe und persönliche Note, die er durchaus gehabt haben muss – mit der er die einen begeistert hat und die anderen gegen sich aufgebracht. Es nimmt zudem ein gutes Stück der Spannung zwischen Anspruch und Bereitschaft (und wenn die Triebfeder nicht mehr gespannt ist, wird sich kaum etwas in Bewegung setzen.)

Und: jede/r frage sich selbst, ob diese Beschwichtigungen wirklich die Anfragen zum Verstummen bringen, die von Jesu Worten zur Nachfolge ausgehen? Beruhigt das nicht eher nur den Verstand, aber lässt die Seele kalt?

Hören wir nicht weiterhin die Herausforderung:

Der Menschensohn hat nichts, wo er sein Haupt hinlege.

Lass die Toten ihre Toten begraben; du aber geh hin und verkündige das Reich Gottes!

Wer seine Hand an den Pflug legt und sieht zurück, der ist nicht geschickt für das Reich Gottes.

Ich meine, diese Spannung zwischen Jesu Anspruch und unserer Bereitschaft müssen wir in unseren Alltagen zulassen und immer wieder aufs Neue aushalten.

Dem dürfen wir nicht aus dem Weg gehen und beharrlich weghören...

Professor Weinrich hat 1982 in seiner Antrittsvorlesung in Siegen gesagt:

„Christ sein heißt, ständig irritierbar bleiben."

Das hat mich sehr beindruckt und bedeutet in diesem Zusammenhang für mich in etwa: wir müssen immer wieder bereit zum Aufbruch, zur Nachfolge sein und niemals denken, wir wären irgendwo schon am Ziel, seien fertig und könnten uns endgültig einrichten und dauerhaft niederlassen in dieser Welt.

Wir müssen bereit sein, uns selbst immer wieder in Frage zu stellen und uns Fragen stellen zu lassen wie:

Was ist mein wunder Punkt, wo ich mich Jesus verweigere? Was blockiert mich, was ist es, das ich eigentlich loslassen und ändern müsste, um wirklich frei zu werden? Wo könnte, wo sollte, ja wo müsste mein Leben konsequenter, klarer, intensiver, ehrlicher, gläubiger werden? Und das sieht dann im Ergebnis bei jeder und jedem von uns anders aus. Von der einen kann und wird Jesus mehr erwarten, von einem anderen vielleicht weniger.

Und er erwartet oder verlangt ja nicht nur, er ist auch bereit zu geben, etwas von sich oder gar sein ganzes Leben (woran wir uns gerade in der Passionszeit immer wieder erinnern).

Es gibt viele einladende Sätze von ihm, die in Verbindung mit der Nachfolge einen Gewinn (für die Seele) in Aussicht stellen, den die vertraute und sichere Umgebung nicht bieten kann:

> *Ich bin das Licht der Welt. Wer mir nachfolgt, der wird nicht wandeln in der Finsternis, sondern wird das Licht des Lebens haben.* (Joh. 8,12)
>
> *Kommt zu mir, alle die ihr mühselig und beladen seid, ich will euch erquicken.*
>
> *Nehmt mein Joch auf euch und lernt von mir, denn ich bin sanft und demütig; und ihr werdet Ruhe finden für eure Seele.* (Math. 11, 28-30)

Bis hin zu der weit reichenden Verheißung:

> *...wer sein Leben verliert um meinetwillen, der wird es finden.* (Math. 16,25)

Wenn man dem Glauben schenkt, sieht die Sache spannender aus: wer sich auf die Nachfolge einlässt, setzt einiges aufs Spiel: Bekanntes, Vertrautes, Sicheres... kann aber auch viel gewinnen.

Einer wird mehr, eine andere weniger einzusetzen bereit sein. Aber seien wir nicht zu verzagt! Gott wird uns nichts zutrauen und zumuten, für das er uns nicht auch die nötige Kraft geben wird – erinnern wir uns zum Abschluss an Elia und die Lesung von eben:

> *Doch der Engel des Herrn kam zum zweiten Mal, rührte ihn an und sprach: Steh auf und iss! Sonst ist der Weg zu weit für dich.*
>
> *Da stand er auf, aß und trank und wanderte, durch diese Speise gestärkt, vierzig Tage und vierzig Nächte...*

Und der Friede Gottes, der all unser Denken übersteigt, bewahre uns...

Fürbitten (Dialog mit Lektor)

Vertraut den neuen Wegen,
auf die uns Gott gesandt!

Gott, du hast uns neue Wege gewiesen,
mitunter drohen sie in Vergessenheit zu geraten
sie werden überlagert von so vielen Botschaften
die uns in alle möglichen Richtungen schicken
Erinnere uns immer wieder an deinen Weg
so wie ihn Jesus uns gezeigt hat

Er selbst kommt uns entgegen.
Die Zukunft ist sein Land.

Wenn uns die Kraft zum Aufbruch fehlt
der Weg bisweilen zu schwierig erscheint
uns der Glaube an die Zukunft abhandenkommt
komme du uns entgegen, gib uns Kraft
leite uns mit deinen Augen
blicke uns freundlich an in Deiner Gnade

Wer aufbricht, der kann hoffen
in Zeit und Ewigkeit.

Wir bitten dich für alle
die keine Hoffnung mehr haben,
deren Perspektive nicht einmal bis morgen reicht
schenke neuen Mut und Zuversicht
wenn es sein muss, langen Atem
denn Dein ist alle Zeit und die Ewigkeit

Die Tore stehen offen.
Das Land ist hell und weit.

Für die, die im Dunkel leben,
hinter verschlossenen Türen,
gefangen von Trauer und Schmerz,
bedrückt durch inneres Leid oder äußere Gewalt
bitten wir Dich: schenke ihnen Freiheit
stelle ihre Füße auf weiten Raum.

Zum Volkstrauertag

Der Volkstrauertag ist etwas anderes als der Totensonntag; diesen Unterschied habe ich erst allmählich verstehen gelernt. Am Totensonntag gedenken wir je einzeln, vielleicht auch als Familie(n) derer, von denen wir im vergangenen Jahr oder überhaupt in unserem bisherigen Leben haben Abschied nehmen mussten, manchmal auch derer, denen wir nie als Lebende begegnet sind, von denen wir aber immer wieder Geschichten hören oder Bilder zu sehen bekommen. Der Volkstrauertag ist dagegen, wie der Name schon sagt, eine kollektive Veranstaltung, vielleicht sogar eine von oben verordnete Traurigkeit im Sinne von Heldengedenken oder Kriegsgräberfürsorge? Können denn ganze Völker trauern? Ich denke doch. Und was sagt die Bibel dazu?

Es gibt in der Tat schon im Alten Testament wichtige Texte dafür, denken wir nur an den Psalm 137:

1 An den Wassern zu Babel saßen wir und weinten, wenn wir an Zion gedachten.

2 Unsere Harfen hängten wir an die Weiden dort im Lande.

3 Denn die uns gefangen hielten, hießen uns dort singen und in unserm Heulen fröhlich sein: »Singet uns ein Lied von Zion!«

4 Wie könnten wir des HERRN Lied singen in fremdem Lande?

5 Vergesse ich dich, Jerusalem, so verdorre meine Rechte.

6 Meine Zunge soll an meinem Gaumen kleben, wenn ich deiner nicht gedenke, wenn ich nicht lasse Jerusalem meine höchste Freude sein.

Wer hat das nicht schon gehört? Das Klagelied des Volkes Israel in der babylonischen Gefangenschaft... Die Klage um den Verlust der Heimat, die Demütigung durch die Fremden. Nicht nur das Volks Israel kennt diese Erfahrung (wenn auch dieses in besonderer Weise), alle die ihre Heimat verloren haben und notgedrungen in der Fremde leben, können hier mit einstimmen, ganz gleich ob ihre Situation aus Flucht oder Vertreibung, selbstgewähltem Exil oder Sklaverei, Verbannung oder Menschenhandel resultiert.

Auch in unserer deutschen Geschichte gab es genug Anlässe zu solcher oder anderer Trauer. Vom Titel her wie gemacht für diesen Tag erscheint das Gedicht „Tränen des Vaterlands“ von Andreas Gryphius:

Wir sind doch nunmehr ganz, ja mehr denn ganz verheeret!
Der frechen Völker Schar, die rasende Posaun
Das vom Blut fette Schwert, die donnernde Karthaun
Hat aller Schweiß, und Fleiß, und Vorrat aufgezehret.

Die Türme stehn in Glut, die Kirch' ist umgekehret.
Das Rathaus liegt im Graus, die Starken sind zerhaun,
Die Jungfern sind geschänd't, und wo wir hin nur schaun,
Ist Feuer, Pest und Tod, der Herz und Geist durchfähret.

Hier durch die Schanz und Stadt, rinnt allzeit frisches Blut.
Dreimal sind schon sechs Jahr, als unser Ströme Flut,
Von Leichen fast verstopft, sich langsam fort gedrungen,

Doch schweig ich noch von dem, was ärger als der Tod,
Was grimmer denn die Pest, und Glut und Hungersnot,
Dass auch der Seelen Schatz so vielen abgezwungen.

Das klingt ein wenig altertümlich, das Gedicht stammt ja auch aus dem Jahr 1636 und verleiht der Klage nahezu aller damaligen Deutschen über den 30jährigen Krieg eine Stimme. Ein Krieg, der noch im Gange war, als Gryphius diese Zeilen schrieb und der vielleicht von allen Kriegen die verheerendsten und am längsten nachwirkenden Auswirkungen auf dieses Land hatte. Und das, obwohl er scheinbar „nur“ ein Krieg um den rechten Glauben war.

Bei Gryphius klingt es schon an, im folgenden Gedicht steht es im Mittelpunkt: noch tiefer als die äußeren Verluste an Gütern und Menschen gräbt sich mitunter ins Gedächtnis die Verstörung der Seelen: die Überlebenden sind auf immer gezeichnet. Zwischen Trauer und Trauma treiben sie die Fragen um: wieso sind wir übrig geblieben, warum mussten die anderen sterben? Auf wen wird das mehr zutreffen als auf die Überlebenden des dunkelsten Abschnitts der deutschen Geschichte, der Jahre zwischen 1933 und 1945?

Nelly Sachs: Chor der Geretteten

Wir Geretteten,
Aus deren hohlem Gebein der Tod schon seine Flöten schnitt,
An deren Sehnen der Tod schon seine Bogen strich -
Unsere Leiber klagen noch nach
Mit ihrer verstümmelten Musik.

Wir Geretteten,
Immer noch hängen die Schlingen für unsere Hälse gedreht
Vor uns in der blauen Luft -
Immer noch füllen sich die Stundenuhren mit unserem tropfenden Blut.

Wir Geretteten,
Immer noch essen an uns die Würmer der Angst.
Unser Gestirn ist vergraben im Staub.

Wir Geretteten
Bitten euch:
Zeigt uns langsam eure Sonne.
Führt uns von Stern zu Stern im Schritt.
Laßt uns das Leben leise wieder lernen.

Es könnte sonst eines Vogels Lied,
Das Füllen des Eimers am Brunnen
Unseren schlecht versiegelten Schmerz aufbrechen lassen
Und uns wegschäumen –

Wir bitten euch:
Zeigt uns noch nicht einen beißenden Hund –
Es könnte sein, es könnte sein
Dass wir zu Staub zerfallen –
Vor euren Augen zerfallen in Staub.

(...)

Schwarzes Schiff

unsichtbar die taue
wer nur zieht
dieses schwarze
uns fremde schiff
landwärts, jede nacht?

noch niemals hat es
den hafen erreicht
die kostbare ladung
erlösung verheißend
ward uns nicht zuteil

namenlos stemmen sie
– stets im dunkel –
sich gegen die strömung
und bewahren die fracht
vor dem driften ins nichts

Loveparade – ein Jahr danach

immer noch eine offene Wunde...

Es gibt kaum ein Ereignis, das mich so sehr verstört und empört (hat), wie die Katastrophe bei der Duisburger Loveparade vor einem Jahr.

Was dabei meinen Zorn größer sein lässt als die Trauer ist das Gefühl, dass sich hier in eindringlichen Bildern noch einmal die Grunderfahrung wiederholt hat, wie es immer wieder zugeht mit uns hier unten und denen da oben...

Wir hier unten (dazu zähle ich mich auch) sind die Opfer, die in Schützengräben und Kohlengruben verheizt wurden, die man in Lagern eingezäunt hat und in Viehwaggons gepfercht, und die selbst dort, wo es nicht mit dem Ziel der Vernichtung geschah, um glorreicher Zwecke willen zur Not auch geopfert wurden. Oft genug ließen wir uns wie Lämmer zur Schlachtbank führen, gingen jubelnd auf die Fahrt in den sicheren Tod. Die Jugend der Nation wie letzten Sommer in Duisburg durch ein Nadelöhr auf dieses heruntergekommene Gelände zu schicken – ist das nicht eine weitere Episode in dieser menschenverachtenden Historie?

Und die da oben, die mit ihren geheimen Strategiepapieren, vertraulichen Akten und ehrgeizigen Plänen – sind das nicht die, die letzten Endes auch über Leichen gehen, wenn sie so ihren Zielen näherkommen? Die die Wahrheit zurückhalten und schamlos lügen (ich denke nur an die bis zuletzt gefälschten Besucherzahlen). Die hoch oben aus sicherer Warte auf das Geschehen herabblicken, sich an Massen berauschen, aber keine einzelnen Menschen und Schicksale mehr sehen. Die, wenn's gut läuft, sich selber feiern und sich in Scheinwerfern und Kamerablitzen sonnen – die aber untertauchen, sich abseilen und in Sicherheit bringen, wenn es dann mal schiefgeht.

Die man nicht zu fassen kriegt, die auf Zeit spielen, die Spuren verwischen und später oder an anderem Ort ihr altes Spiel wieder aufnehmen. Irgendwie hatte ich gehofft, wir lebten inzwischen in anderen Zeiten. Noch einmal so eindringlich vor der eigenen Haustür (und nicht in China oder Afrika) vor Augen geführt zu bekommen, dass sich im Grunde gar nichts geändert hat, das ist für mich das Bitterste von allem. Das nährt das Verlangen, die dafür Verantwortlichen doch einmal zu packen zu bekommen, wenigstens einen von ihnen zur Rechenschaft zu ziehen.

Ich schätze, am Ende sind es in diesem Fall zu viele Mitverantwortliche, um auch nur einen von ihnen wirklich dingfest zu machen. Und die böse Vorahnung, dass es am Ende tausende Seiten von Gerichtsakten aber keine Konsequenzen geben wird, verhindert, dass ich jetzt oder in nächster Zeit meinen Frieden mit dieser Geschichte machen kann.

Predigt über Jesaja, 29, 17 - 24

17 [Dauert] es nicht nur noch eine ganz kurze Weile, dass sich der Libanon in einen Fruchtgarten verwandelt und der Karmel dem Wald gleichgeachtet wird?

*18 An jenem Tag werden die Tauben die Worte des Buches hören, und aus Dunkel und Finsternis
hervor werden die Augen der Blinden sehen.*

19 Und die Demütigen werden mehr Freude im HERRN haben, und die Armen unter den Menschen werden jubeln über den Heiligen Israels.

20 Denn der Gewalttätige ist nicht mehr da, und der Spötter geht zugrunde. Und ausgerottet werden alle, die auf Unheil bedacht sind,

21 die den Menschen in einer [Rechts]sache schuldig sprechen und dem Schlingen legen, der im Tor [über Recht und Unrecht] entscheidet, und mit nichtigen [Beweisgründen] den Gerechten aus seinem Recht verdrängen.

22 Darum, so spricht der HERR, der Abraham erlöst hat, zum Haus Jakob: Jetzt wird Jakob nicht [mehr] beschämt werden, und sein Gesicht wird jetzt nicht [mehr] erblassen.

*23 Denn wenn er, [wenn] seine Kinder das Werk meiner Hände in seiner Mitte sehen, werden sie
meinen Namen heiligen; und sie werden den Heiligen Jakobs heiligen und den Gott Israels fürchten.*

24 Und die mit irrendem Geist werden Einsicht kennen, und Murrende werden Belehrung annehmen.

Zunächst möchte ich ein paar Worte über diesen Text sagen.

In diesem Fall ist es tatsächlich der für diesen Sonntag vorgesehene Predigttext (und nicht einer, mit dem ich mich schon lange Jahre beschäftigt habe...)

Die Worte stehen im Buch Jesaja, dem ersten der sogenannten Schriftpropheten.

Das ist ein umfangreiches Buch – Jesaja hat zu so vielen Ereignissen in der Geschichte Israels Stellung bezogen, dass viele Forscher davon ausgehen, dass das nicht alles von einer Person stammt, sondern dass mehrere Prophetenworte aus unterschiedlichen Zeiten unter seinem Namen zusammengefasst wurden.

Für unsere Textauslegung ist das aber unwichtig!

Die prophetische Rede hat, wie in diesem Beispiel auch zu sehen ist, zwei Bestandteile: da gibt es die Anklage gegenwärtiger Missstände (Fehlverhalten einzelner oder des Volkes – hier also Gewalttätige, Spötter und Rechtsverdreher) und Ankündigung von Veränderungen (Strafe für die einen Rettung für anderen – je nachdem), die kurz bevorstehen, weil es für Gott so nicht weitergehen kann (oder darf).

Daher sollte man das Wirken der Propheten nicht, wie es häufig geschieht, auf das Ankündigen künftiger Ereignisse beschränken (sie sind in der Regel keine Hellseher... auch wenn es durchaus Visionen geben kann), denn mindestens genauso wichtig ist ihre Kritik an Zuständen und Verhaltensweisen, die zum Willen und den Geboten Gottes im Widerspruch stehen (oftmals sog. Wehe-Rufe)

Etwas Weiteres ist erwähnenswert: neben der prophetischen Rede kommt in unserem Text als zweiter Teil (ab Vers 22) eine Gottesrede hinzu. Nun spricht Jesaja nicht mehr selbst, sondern gibt Gottes Wort wieder – das hat noch mehr Gewicht.

Die Namen der „Erzväter“ Abraham und Jakob fallen: der Redner gibt sich als der Gott der Väter zu erkennen.

Jakob ist zudem gleichzusetzen mit Israel, dem Volk, dessen Stämme ja aus den zwölf Söhnen Jakobs hervorgegangen sein sollen.

Gottes Werke bewirken Einsicht, Belehrung und Gottesfurcht. Entscheidend für die Änderung menschlichen Verhaltens ist die Heiligung Gottes (oder seines Namens).

Auch wir beten gegen Ende jedes Gottesdienstes (und sicher oft genug bei anderer Gelegenheit) *„geheiligt werde Dein Name“*...

Was aber ist eigentlich: „heilig“?

Die Katholiken haben viele Heilige, einen Heiligen Vater, eine Heilige Messe...

Wir Protestanten sind da doch nüchterner, nur der Heilige Geist weht bei uns etwas körperlos durch den Raum...

Jüdische Geschichte: da gab es das Allerheiligste im Tempel, heilige Orte (Berufung des Mose: ziehe deine Schuhe aus, hier ist heiliger Boden...)

Ehrfurcht vor dem wesensmäßig anderen, es ist nicht von dieser Welt – aber wirkt in diese Welt hinein, stammt aus nicht aus ihr und ist nicht auf sie beschränkt

Wenn den Menschen die Augen und Ohren aufgehen für Gottes Wort und seine Gebote, wenn sie Gottes Namen heiligen und ihn in Ehrfurcht als den Herrn der Welt und der Geschichte anerkennen, wird es – so stellt Jesaja am Ende in Aussicht – ein Ende haben mit Unrecht und Ungerechtigkeit.

So viel zu dem, was der Text aussagt – aber was sagt er uns?

Heute?

Ich kann da zunächst nur von mir selbst sprechen:

Als mir klar war, dass dies mein Predigttext werden sollte, war mein erster Gedanke: prophetische Rede, das ist eigentlich ein gutes Beispiel, daran kann man ein paar Sachen zeigen (was ich vorhin auch getan habe), er klingt ja auch ganz nett, aber kann man den Ankündigungen dort noch Glauben schenken?

Mich störte am Anfang die Formulierung „nur noch eine ganz kurze Weile" und dann ... wird alles besser? Haben wir das nicht schon oft genug so oder ähnlich gehört?

Erwartungen wecken, Mut machen, schnelle Besserung in Aussicht stellen – das erinnert mich vor allem an Wahlversprechen und Werbesprüche.

Mein Beispiel dafür ist Barack Obama: „*Change we can*" oder „*yes we can*": viele waren kurz vor und nach seiner Wahl zum Präsidenten euphorisch, seine Slogans wurden oft nachgeplappert in durchaus unpassenden Situationen (beispielsweise auch von einer meiner Vorgesetzten...)

Zu viele Erwartungen wurden geweckt und Vorschusslorbeeren verteilt – auch der Friedensnobelpreis kam meines Erachtens zu früh:

Die USA sind weiterhin verwickelt in viele kriegerische Auseinandersetzungen, töten gezielt Menschen.

Das Lager Guantanamo ist immer noch nicht geschlossen, obwohl der neue Präsident das in Aussicht gestellt hatte (seit zehn Jahren werden hier Verdächtige ohne Prozess festgehalten – wir erinnern uns ja genau heute an den 11. September 2001, der die Welt verändert hat.)

Im Innern ist das Land gespalten, der Staatshaushalt stand (steht?) knapp vor der Pleite – die Sparmaßnahmen werden wieder die Armen treffen, die auf ihn große Hoffnungen setzten, Steuererhöhungen für die Reichen bleiben tabu.

Wie heißt die Kritik der Ge- oder Enttäuschten dann heutzutage? „Er hat nicht geliefert..."

Vielleicht waren das zunächst gar nicht einmal falsche Versprechungen (die wider besseres Wissen gemacht wurden) um dann nach Gewinn der Wahl, allmählich die Schwierigkeiten einzuräumen, von denen man schon vorher wusste. Sondern vielleicht war manches einfach zu leichtfertig gesagt, zu kurz gedacht, der steinige Weg nicht bis zum Ende in den Blick genommen.

Meine Lehre daraus ist: ein Vorbehalt gegen alle, die schnelle Lösungen in Aussicht stellen, und eine starke Abneigung gegen falsche Erwartungen an Heilsbringer.

Oft genug sind wir ihnen verblendet bis in den Abgrund gefolgt: ich erinnere da vor allem an den, der seinen Namen immer in Verbindung mit „Heil" rufen ließ... Ist der Hitler-Gruß nicht der krasseste Widerspruch zum *„geheiligt werde Dein Name"*?

Deshalb liegt in diesem Fall die Stärke dieses Prophetentextes nicht am Anfang, sondern am Ende, in der zunächst etwas schwer greifbaren Betonung des Heiligen, der Heiligung ...

Jesajas Prophetie bindet sich nicht an Irdisches – er hat keine weltlichen Auftraggeber, keine Sorge um das eigene Fortkommen oder Wohlergehen (Propheten leben eher gefährlich, denken wir nur an Elia, Jeremia oder Daniel in der Löwengrube) vielmehr geht es ihm darum, göttliches Wort zu Gehör bzw. in Erinnerung zu bringen – in einer selbstsüchtigen und nur allzu oft gottvergessen(d)en Welt, wo Tyrannei und Dreistigkeit regiert.

Ein Zeuge für die besondere Wirkung Jesajas in diesem Zusammenhang soll für mich Hellmut Graf von Moltke sein, ein Jurist aus nobler Familie, der sich der Zusammenarbeit mit den Nazis verweigert hat und solange es noch ging, als Anwalt für ihre Opfer eingetreten ist, bis er 1944 selbst verhaftet wurde und im Gefängnis, das Todesurteil und seine Vollstreckung erwartend, immer wieder die Bibel las. An Jesaja beeindruckte ihn die Unmittelbarkeit seiner Gottesbegegnung, er schrieb seiner Frau:

> *Ich meine überhaupt, dass Jesaja der größte Prophet ist, in der Tat ein Mann ... der Gott wahrlich von Angesicht zu Angesicht sah.*

Moltke nahm Jesaja als einen wahr, der gerade dadurch Trost spendet, dass er nicht direkt auf die Nöte der Menschen eingeht, sondern ihnen hilft, indem er sie mit der Gegenwelt Gottes konfrontiert.

Noch einmal Moltke an Freya:

> *Jesaja hat nichts Menschliches ausgesprochen, hat keine Lösung für menschliche Nöte gefunden.*
>
> *Jesaja redet von ganz etwas Anderem, nämlich von Gottes Willen mit der Welt.*

Und in der Tat: dieser Gott der Väter (Abraham, Isaak und Jakob) hat schon eine lange Geschichte mit dem Volk und noch viel vor mit ihm und uns, vor ihm sind tausend Jahre wie ein Tag – da gewinnt die „kurze Weile“ vom Beginn unseres Prophetenwortes dann eine andere Qualität.

Die Welt besteht nicht nur aus dem, was war und ist, es gibt auch immer ein zukünftiges, ein verheißenes, ein Ziel der Sehnsucht und der Hoffnung – das Reich Gottes, das immer wieder schon jetzt aufscheint in der Welt der Menschen.

Der Prophet weiß von dieser anderen Wirklichkeit. Einer, die man auf den ersten Blick nicht sieht, die aber gleichzeitig alle menschlichen Hoffnungen, Sehnsüchte und Erwartungen kühn in den Schatten stellt.

Da gibt es einen noch nicht eingelösten Überhang an Verheißung, auf den wir uns immer wieder besinnen und berufen sollen, ihn einklagen und von ihm unser Leben und Streben leiten lassen…

Und wenn wir und viele andere auch müde werden, verzagt sind oder der alte Bund in Vergessenheit zu geraten droht – dann sind es die Propheten, die immer wieder daran zu erinnern versuchen.

Oft genug zwar wollen oder können wir sie nicht hören, und es gibt auch immer wieder um ihre eigene Position besorgte Zeitgenossen, die sie nicht zu Wort kommen lassen wollen, sie ins Gefängnis stecken oder des Landes verweisen.

Aber auf lange Sicht, im Licht der Ewigkeit haben nicht die Machthaber oder Unterdrücker das letzte Wort, sondern jene, die um das unverfügbare Heilige wissen.

Neben dem von Nazis eingesperrten und hingerichteten Moltke fällt mir da auch Dietrich Bonhoeffer ein. Bonhoeffer, der in der Zelle saß und doch schreiben konnte:

> *von guten Mächten wunderbar geborgen* und *hören jenen vollen Klang der Welt, die unsichtbar sich um uns weitet...*

Es fällt manchmal nicht leicht, daran zu glauben angesichts zahlreicher Anfechtungen und Hiobsbotschaften, und doch wäre es so nötig wie hilfreich (lebenswichtig?), den Propheten Gehör zu schenken und den Gewalttätern und Unheilsbringern keine Macht über uns zu geben!

Ganz eindringlich wird das in einem poetischen Text in Erinnerung gebracht, den ich zum Abschluss vorlesen möchte, er stammt aus der Feder von Nelly Sachs, nicht von ungefähr einer jüdischen Dichterin, die die Geschichte des Hauses Jakob kennt:

Wenn die Propheten einbrächen
durch Türen der Nacht,
die Sternenstraßen gezogen in ihren Handflächen
golden aufleuchten lassend -
für die längst im Schlaf versunkenen -

Wenn die Propheten einbrächen
durch Türen der Nacht
mit ihren Worten Wunden reißend
in die Felder der Gewohnheit,
ein weit Entlegenes hereinholend
für den Tagelöhner
der längst nicht mehr wartet am Abend –

Wenn die Propheten einbrächen
durch Türen der Nacht
und ein Ohr wie eine Heimat suchten –
(...)

Ohr der Menschheit
du mit dem kleinen Lauschen beschäftigtes,
würdest du hören?

(...)

Wenn die Propheten aufständen
in der Nacht der Menschheit
wie Liebende, die das Herz des Geliebten suchen,
Nacht der Menschheit
würdest du ein Herz zu vergeben haben?

Schön wäre es, wenn wir darauf antworten könnten: ja und amen – so soll es sein...

Predigt über Hiob 14, 1 - 6

Als ich vor einigen Monaten – es war noch richtig Sommer – gefragt wurde, ob ich diesen Gottesdienst übernehmen könnte, habe ich recht schnell zugesagt und mir gedacht: das Datum 11.11. lässt sich leicht merken. Als ich mir kurz darauf den für diesen Sonntag (den drittletzten im Kirchenjahr) vorgesehenen Predigttext angeschaut habe, musste ich allerdings schlucken. Der passt nämlich gar nicht zu der Stimmung, die viele mit dem 11.11., dem Auftakt zur närrischen Saison / Hoppediez Erwachen, verbinden.

1 Der Mensch, geboren von einer Frau, ist kurz an Tagen und satt an Unrast.

2 Wie eine Blume geht er auf und welkt, flieht wie ein Schatten und hat keinen Bestand.

3 Doch noch über dieses Leben hältst Du Deine Augen auf und mich bringst Du ins Gericht mit Dir.

4 Wer gäbe es, dass rein aus unrein kommt, kein Einziger, keine Einzige!

5 Wenn die Tage eines Menschen fest beschlossen sind, liegt die Zahl seiner Monate bei Dir; Du hast seine Grenzen markiert und er überschreitet sie nicht.

6 Blick weg von ihm und er könnte aussetzen, dass er sich wie ein Tagelöhner seines Tages freuen kann.

Zum einen Anklang an Psalm 90 – conditio humana ...

Kurz an Tagen und satt an Unrast – die Versuche, der eigenen Sterblichkeit entgegenzuarbeiten, sicher auch in der heute so oft diagnostizierten Beschleunigung wiederzufinden

Von einer Frau geboren – unrein, Vergänglichkeit, Unvollkommenheit, keine Gottesebenbildlichkeit

Diese Erkenntnis, die Hiob gerade hautnah und schmerzhaft erfahren hat, steht aber gar nicht im Zentrum seiner Rede, er spricht ja auch gar nicht zu seinen Freunden (über die nachher noch genaueres zu sagen ist) oder zu uns als Mitmenschen, sondern seine Rede ist an Gott gerichtet. Für den als Schöpfer dürfte die Kunde von der menschlichen Begrenztheit ja gewiss keine Neuigkeit sein. Vielmehr nutzt Hiob diese Erinnerung an die menschliche Unvollkommenheit als Argument, das seine eigentliche Bitte stützen soll:

Wenn Gott den Menschen so unvollkommen (unrein) geschaffen hat, sollte er ihn doch bitte nicht auch noch für seine Fehler zur Rechenschaft ziehen und bestrafen, sondern ihn bitte schön seine begrenzte Lebenszeit in Ruhe genießen lassen.

Hiob fühlt sich jedenfalls von Gott vor Gericht gestellt, für schuldig befunden und bestraft. Demnach ist sein Ansprechpartner in dieser Situation für ihn nicht der barmherzige Gott, nach dessen Nähe, Trost und Begleitung wir uns sehnen, vor allem dann wenn es uns richtig schlecht geht, sondern durchaus der zornige Gott, der Richter und Plagegeist sein kann und der am Ende auch noch dafür verantwortlich ist, dass wir so elend dran sind. Nicht nur der Hüter und Hirte, der es einem an nichts mangeln lässt, sondern auch der alles sehende Überwacher, der uns unvermittelt strafen kann. An dessen Gerechtigkeit man appellieren kann, ohne jedoch sicher sein zu können, ob man Gehör oder gar Gnade findet.

Insgesamt bietet sich hier sehr pessimistisches Menschen- und Gottesbild – der Text für sich gesehen gibt, so sehr ich auch hinschaue, nichts wirklich Positives her.

Er ist eine Klage über die Begrenztheit und Unvollkommenheit des Menschen gepaart mit der Bitte an Gott, einen doch in dieser kurzen Spanne irdischen Daseins in Ruhe zu lassen, fast schon der Neid auf den schlichten Tagelöhner, der von seinem Leben nichts Besonderes erwartet.

Viel mehr lässt sich in meinen Augen nicht aus diesem kurzen Text herausholen, aber ich kann doch jetzt nicht sagen: so ist das halt mit unserem bescheidenen Dasein und manchmal muss man sich das wieder in Erinnerung rufen oder sich daran erinnern lassen (im Sinne eines: *lehre uns bedenken dass wir sterben müssen auf dass wir klug werden*) gerade in dieser trüben Zeit am Ende des Kirchenjahres ... und dann wieder die Kanzel verlassen und vorher gar noch schließen mit „und der Friede Gottes..."

So geht das nicht – aber wie sonst?

In Zeiten des Internets kann man zur Predigtvorbereitung ja durchaus nachlesen, wie Pfarrerinnen und Pfarrer bei anderer Gelegenheit schon versucht haben, heil aus diesem Text heraus zu kommen. Eigentlich immer haben sie die Wende zum Guten nicht im Text selbst sondern an anderer Stelle zu finden versucht – früher vor allem mit dem Hinweis darauf, dass Gott ja – was Hiob beziehungsweise der Erzähler seiner Geschichte noch nicht wissen konnte – durch seinen Sohn in leidenschaftlicher Weise Anteil an unserem menschlichen Schicksal genommen hat, durch den Tod gegangen ist und diesem damit die Macht genommen hat. Ich finde aber den Sprung aus dem Alten ins Neue Testament zu weit und möchte lieber im Hiob-Buch selbst nach einer positiven Botschaft suchen.

Kurze Wiedergabe des Beginns der Hiob-Erzählung:

Hiob, reich und rechtschaffen, ein Musterbeispiel für die alte Vorstellung vom Tun-Ergehen-Zusammenhang – dann aber die „Hiobsbotschaften", die Krankheit, die ihn entstellt und isoliert.

Aber nicht ganz: da ist seine Frau, die ihn fragt, ob noch immer an seiner Frömmigkeit festhalten will und nicht Gott verfluchen und sterben. Und da ist die „stumme Solidarität" seiner Freunde, die nicht hoch genug eingeschätzt werden kann – sieben Tage und sieben Nächte sitzen sie bei ihm und schweigen – die dann aber in einen Disput übergeht, in dessen Verlauf Hiob sich immer weniger verstanden fühlt, sodass er sich schließlich an Gott selbst wendet und sein Recht fordert ... durchaus, indem er selbst zum Ankläger Gottes wird und damit für viele eine Grenze überschreitet. Aber, und das ist das Erstaunliche an der Geschichte, dass sie uns ermutigen will, genau das zu tun, während zwei andere eigentlich näher liegende Reaktionen verworfen werden, nämlich

- Die Frau mit ihrem *Sag ab und stirb*

Das ist eine doch weitverbreitete Reaktion: einen Gott, der mir nichts nützt, der mir sogar Schaden zufügt, den brauche ich nicht, an den glaube ich nicht mehr, da suche ich mir was anderes...

Dass die Abkehr von Gott hier aber in einem Atemzug mit dem Sterben genannt wird, ist gewiss kein Zufall: wer aus der Beziehung zu Gott heraustritt und sich nur auf dieses vergängliche und unvollkommene irdische Dasein zurückzieht, der hat im Grunde schon jegliche Hoffnung preisgegeben und nichts mehr zu erwarten...

- Die Freunde mit ihrer Rechtfertigung Gottes und ihrem letztlichem Nicht-Annehmen Hiobs

Sie stehen in meinen Augen für die uns im Laufe der Geschichte immer wieder begegnende Haltung derer, die ein etwas oder jemanden, woran sie unbedingt glauben und den oder das sie nie in Zweifel ziehen würden, verteidigen gegen die jeweils Einzelnen, die ihre Bedenken und Probleme haben.

Sei es nun der HERR, die Partei, der Führer, die Kirche oder welche übergeordnete Instanz auch immer: der / die hat immer Recht und wenn Du damit ein Problem hast, dann liegt es an Dir: an Deiner mangelnden Einsicht, an Deinem Eigensinn und Dünkel. Du bist der Abweichler, der sich im Unrecht befindet und dem es an Erkenntnis oder Einsicht mangelt, der in sich gehen und sich ändern muss, wenn er nicht für immer ausgeschlossen bleiben will (oder im schlimmsten Fall seinen Besitz, seine Freiheit oder gar sein Leben verlieren).

Vielleicht habe ich das jetzt etwas zu sehr zugespitzt, weil es mich an manche negativen Erfahrungen mit Orthodoxen, unbeirrbaren

Fundamentalisten und hundertprozentig Linientreuen erinnert – vielleicht ist der Fehler der Freunde am Ende ja nur, dass sie über Gott reden, während Hiob mit ihm redet oder dass ihre gelehrte Glaubensweisheit dem Einzelnen in seiner Verzweiflung nicht wirklich weiterhilft. Am Ende der Geschichte ist es jedenfalls so, dass Gott Hiob antwortet, aus dem Sturm heraus zwar und weiterhin sehr von oben herab (Wo warst Du, als ich die Erde gegründet habe? Kapitellang stellt er ihm solche Fragen) aber er wendet sein Schicksal zum Guten und lässt die Freunde wissen:

> *„ihr habt nicht die Wahrheit über mich gesprochen wie mein Diener Hiob"*.

Gott ist nicht nur der liebe Gott, der gute Hirte – er hat auch seine dunklen Seiten, davon zeugen manche Stellen der Bibel und bittere Zeiten im eigenen Leben, die den meisten von uns wohl nicht erspart bleiben. Aber wir müssen das nicht einfach hinnehmen und über uns ergehen lassen, wir dürfen klagen und sogar unser Recht einfordern, so wir uns denn als Opfer fühlen.

Hiob kämpft und klagt – er beklagt sich nicht nur bei anderen über Gott, er klagt bei Gott gegen Gott. Er will Ruhe vor Gott – und wendet sich damit an Gott selbst. Das unvorstellbare, unbegreifliche Leid führt ihn nicht von Gott weg, sondern zu Gott hin.

„Ich lasse dich nicht, du segnest mich denn": einen ähnlichen Kampf wie Jakob trägt Hiob aus. Da ist das Dennoch oder das Trotzdem. „Du glaubst doch nicht, Gott, dass ich dich so davonkommen ließe, dass ich mich so einfach aufgebe. Mein Leid ist schrecklich. Aber von dir lasse ich nicht." Er hält fest an der Beziehung zu Gott, zu der - wie in den besten menschlichen Beziehungen auch - die Klage und wenn's nicht zu vermeiden ist, ebenfalls der Streit gehört.

Wie es um unsere Beziehung mit Gott aussieht, zeigt sich eben nicht unbedingt in den Schönwetterphasen, sondern in den dunklen Stunden, in Grenzsituationen, wo wir an den Rand unserer menschlichen Möglichkeiten geraten und meinen, Gott selbst zum Gegner zu haben.

Dann kann man sich von ihm abwenden und den Glauben an eine höhere Gerechtigkeit aufgeben, man kann sich ihm unterwerfen und alles wie Schicksal annehmen oder aber man kann wie Hiob oder Jakob mit ihm ringen. Dieses nächtliche Ringen mit ihm - die Geschichte von Jakobs Kampf am Jabbok gehört zu den zentralen Texten meines Glaubens – ist auch Beziehungsarbeit und wenn es gut geht, kommen wir gesegnet heraus und sehen einen neues Licht am Ende des finsteren Tals. Wehklage und Gotteslob liegen oft nur einen Schritt auseinander – wer hat das eindrucksvoller in Worte gefasst als die Dichter der Psalmen, ein Buch, das sicher nicht aus Zufall in der Bibel auf Hiob folgt.

4 Meine Tage sind vergangen wie ein Rauch,
und meine Gebeine sind verbrannt wie von Feuer.
5 Mein Herz ist geschlagen und verdorrt wie Gras,
dass ich sogar vergesse, mein Brot zu essen.
6 Mein Gebein klebt an meiner Haut
vor Heulen und Seufzen.
7 Ich bin wie die Eule in der Einöde,
wie das Käuzchen in den Trümmern.
8 Ich wache und klage
wie ein einsamer Vogel auf dem Dache.
9 Täglich schmähen mich meine Feinde,
und die mich verspotten, fluchen mit meinem Namen.
10 Denn ich esse Asche wie Brot
und mische meinen Trank mit Tränen
11 vor deinem Drohen und Zorn,
weil du mich hochgehoben und zu Boden geworfen hast.
12 Meine Tage sind dahin wie ein Schatten,
und ich verdorre wie Gras.

13 Du aber, HERR, bleibst ewiglich
und dein Name für und für.
(...)
17 Ja, der HERR baut Zion wieder
und erscheint in seiner Herrlichkeit.
18 Er wendet sich zum Gebet der Verlassenen
und verschmäht ihr Bitten nicht.
(...)
20 Denn er schaut von seiner heiligen Höhe,
der HERR sieht vom Himmel auf die Erde,
21 dass er das Seufzen der Gefangenen höre
und losmache die Kinder des Todes,
22 dass sie in Zion verkünden den Namen des HERRN
und sein Lob in Jerusalem,
23 wenn die Völker zusammenkommen
und die Königreiche, dem HERRN zu dienen.

(aus Psalm 102)

Amen

Buchtipp: Atlas der abgelegenen Inseln

Bücher zum Thema „anders unterwegs sein“ ließen sich bei Bedarf eine ganze Menge empfehlen. Inzwischen gibt es natürlich Ratgeber zum Thema „sanfter Tourismus“, zahlreiche alternative Reiseführer, Erfahrungsberichte über Reisen zu Fuß, ohne Geld, abseits von Routen und Wegen, Tagebücher von Pilgerfahrten (längst nicht mehr nur auf dem Jakobsweg) und andere inspirierende Texte für Reisen nach innen oder zu Gott.

Ich habe mich aber bewusst für einen Titel entschieden, der von nahezu unerreichbaren Zielen handelt, zu denen sich eine reale Reise kaum bewerkstelligen lässt und schon gar nicht lohnend erscheint. Die Autorin Judith Schalansky deutet mit dem Untertitel „Fünfzig Inseln, auf denen ich nie war und niemals sein werde“ an, dass sie nichts aus eigener Erfahrung oder Anschauung vorstellt, sondern nur Informationen aus anderen Quellen zusammengetragen hat. Jeder der 50 Inseln sind zwei Seiten gewidmet: die rechte bringt eine schlicht gestaltete Karte der jeweiligen Insel. Da alle im gleichen Maßstab dargestellt werden, bleiben einige völlig unscheinbar, während andere fast die Seite füllen und Konturen von Hügeln und Tälern, seltener auch von Siedlungen und Wegen erkennen lassen. Die gegenüberliegende Seite bietet recht knappe Informationen zur jeweiligen Insel: ihre geographische Lage, Größe, Einwohnerzahl (sofern überhaupt bewohnt) und wenige Daten aus der meist unspektakulären Geschichte. Diese nüchternen Angaben werden jeweils durch einen etwas längeren Text ergänzt, der oft verstörende Begebenheiten aus der Vergangenheit der Insel erzählt. Da wird von Schiffbruch und Scheitern berichtet, enttäuschten Hoffnungen, lebensfeindlichen Umgebungen und Menschen, die sich so weit von der Zivilisation und geltenden Normen entfernt haben, dass wir nicht einen Tag und erst recht keine Nacht mit ihnen gemeinsam auf einer Insel verbringen möchten.

Das klingt alles andere als paradiesisch – vielleicht aber werden diese abgelegenen Inseln dereinst die letzten Paradiese dieser Erde sein, weil sie sich dem Zugriff der Tourismus-Branche ebenso entziehen wie anderen wirtschaftlichen Interessen (nur Geheimdienste und Militärs schätzen sie vielleicht wegen ihrer Unzugänglichkeit). Reisen zu ihnen können nur im Kopf stattfinden oder mit dem Finger auf dem Atlas – und das ist vielleicht auch ganz gut so. Übrigens hat das Buch ein lesenswertes Vorwort, in dem die Autorin unter anderem von ihrer Liebe zu Atlanten berichtet, außerdem eine ansprechende Gesamtgestaltung, die mit mehreren Preisen bedacht wurde.

Wo lassen wir unsere Toten?
Friedhofskultur im Wandel der Zeit

Die Formen der Bestattung und des Totengedenkens sind nicht nur bei den unterschiedlichen Religionen und in verschiedenen Teilen dieser Erde anders: im Laufe der Jahrhunderte hat sich die Friedhofskultur auch im christlichen Abendland mehrfach verändert.

Im Mittelalter erschien es den Menschen wichtig, ihre Toten in der Nähe der Kirche zu bestatten: viele Begräbnisse fanden auf dem sog. Kirchhof statt – Leute von besonderem Rang wurden mitunter auch in der Kirche selbst beigesetzt.

Als es innerhalb der Stadtmauern zunehmend enger wurde und nicht zuletzt aus hygienischen Erwägungen, ging man später dazu über, den Begräbnisplatz vor die Stadttore zu verlegen, in diesem Zusammenhang kam auch der Begriff „Gottesacker" auf.

Friedhöfe wie wir sie heute noch kennen, entstanden zuerst vor etwa 200 bis 300 Jahren, als die Gemeinden über ihre alten Grenzen hinauswuchsen und das Bestattungswesen auch als Gegenstand der öffentlichen Ordnung angesehen wurde. In dieser Zeit neu angelegte Friedhöfe hatten oft parkartigen Charakter mit geschwungenen Wegen und Grünflächen zwischen den einzelnen Grabfeldern. Wo weniger Platz zur Verfügung stand, hatten die Friedhöfe eher gartenähnliche Grundrisse mit gradlinigen Wegen und Feldern. Häufig finden wir Felder mit Reihengräbern oder Wahlgräbern, Einzelgräber wechseln sich ab mit Gruften, in denen Ehepaare oder ganze Familien ihre Ruhestätte finden. Daneben gibt es vielfach besondere Felder mit Kinder-, Urnen- oder Kriegsgräbern. Friedhofsordnungen sorgen dafür, dass der einheitliche Charakter der Anlage gewahrt bleibt und den gesetzlichen Bestimmungen entsprochen wird.

In den letzten Jahrzehnten wandelt sich das Bild. Immer mehr Menschen streben von den herkömmlichen Friedhöfen weg, es gibt

Bestattungen auf dem Meer, in Friedwäldern und an anderen Orten. Und auf den vorhandenen Friedhöfen mehreren sich die Platz und Pflegeaufwand sparenden Begräbnisarten: Flächen mit Rasengräbern nehmen ebenso zu wie Sammelgräber und Stelen für Urnen – während sich die Felder für die großen Gruften zunehmend leeren. Aber während viele Menschen anscheinend nicht mehr viel in die Ruhestätte ihrer Angehörigen investieren wollen, gibt es auch immer wieder Gegenbeispiele: Gräber, die wie Kultstätten wirken, für den normalen Geschmack mit Blumen und anderen Grabschmuck überladen sind. Konfessionelle Friedhöfe haben sich oft für Angehörige anderer Glaubensrichtungen geöffnet. Insgesamt ergibt unsere gegenwärtige Bestattungskultur ein buntscheckiges Bild, während die Friedhofsordnungen eher dazu neigen, das Erscheinungsbild der Anlagen festzuschreiben. Das kann mitunter zu Interessenkonflikten führen, wobei sich die Gemeinden fragen müssen, ob sie lieber „kundenorientiert" auf die unterschiedlichen Vorstellungen der Angehörigen eingehen oder ob sie auf ihren Grundsätzen bestehen und in Kauf nehmen, dass diejenigen mit besonderen eigenen Vorstellungen einen anderen Ort für die Bestattung wählen.

Predigt über 2. Mose 34, 4 - 10

Gnade sei mit uns und Friede von dem, der da ist, der da war und der da kommen wird. Amen.

Da ich nur selten Gottesdienste halte und wie heute predige, behalte ich mir jedes Mal die Entscheidung vor, ob ich den jeweils vorgeschlagenen Bibeltext nehme oder mir die Freiheit lasse, einen eigenen auszusuchen.

Heute habe ich mich für den im liturgischen Kalender vorgesehenen Text entschieden, der sich im Zweiten Buch Mose (Exodus) befindet, aus dem 34. Kapitel die Verse 4 bis 10:

4 *So hieb sich denn Mose zwei Steintafeln zurecht, wie die ersten gewesen waren, und machte sich dann am andern Morgen früh auf und stieg zum Berge Sinai hinauf, wie der HERR ihm geboten hatte; die beiden Steintafeln trug er in der Hand.*

5 *Da fuhr der HERR im Gewölk hernieder, und er (Mose) trat dort neben ihn und rief den Namen des HERRN an.*

6 *Da zog der HERR vor seinen Augen vorüber und rief aus: »Der HERR, der HERR ist ein barmherziger und gnädiger Gott, langmütig und reich an Gnade und Treue,*

7 *der Gnade auf Tausende hin bewahrt, der Unrecht, Übertretung und Sünde vergibt, doch auch keineswegs ungestraft läßt, sondern die Schuld der Väter an Kindern und Kindeskindern heimsucht, am dritten und am vierten Glied.«*

8 *Da verneigte sich Mose eilends bis zur Erde, warf sich nieder*

9 *und sagte: »Habe ich irgend Gnade bei dir, o Herr, gefunden, so wolle mein Herr doch in unserer Mitte einherziehen! Denn es ist ein halsstarriges Volk. Aber vergib uns unsere Schuld und Sünde und laß uns dein Eigentum sein!«*

10 *Da antwortete der HERR: »Wohlan, ich schließe einen Bund: vor deinem ganzen Volk will ich Wunder tun, wie sie auf der ganzen Erde und unter allen Völkern noch nie vollführt sind, und das*

ganze Volk, in dessen Mitte du lebst, soll das Walten des HERRN wahrnehmen; denn wunderbar soll das sein, was ich an dir tun werde.«

Ich denke, die Vorgeschichte ist den meisten von uns von Kind auf geläufig: der Bundesschluss am Berg Sinai, wo Gott dem Mose die Zehn Gebote kundtut und dieser sie auf zwei Steintafeln festhält. Da Mose jedoch das Volk zurückgelassen hatte, kam es in der Zwischenzeit auf dumme Gedanken und ließ Aaron einen Gott in Gestalt eines Goldenen Kalbes aufrichten und hat diesen dann tanzend verehrt.

Lassen wir es offen, ob damit gegen das Erste Gebot (... *du sollst keine anderen Götter neben mir haben* ...) oder gegen das Zweite (... *du sollst dir kein Bildnis machen* ...) verstoßen wurde – irgendwie ging das gar nicht und um ein Haar wäre der ganze Bundesschluss zwischen Gott und dem Volk gescheitert und wer weiß, wie dann die ganze Geschichte weiter gegangen wäre.

Aber es gibt noch ein zweite Chance, nicht zuletzt weil Mose als Vermittler zwischen Gott und Volk in die Bresche springt – seine Rolle als Mittler wäre sicher eine eigene Predigt wert; hier und heute soll aber Gottes Selbstoffenbarung im Mittelpunkt stehen, sie ist ein ohne Zweifel grundlegender Text der Alten Testaments.

In Gottes Selbstcharakterisierung überwiegen die positiven Eigenschaften: *„barmherzig und gnädig ist der Herr, geduldig und von großer Güte“* – so können wir es auch an anderer Stelle lesen und hören es gern.

Schwieriger ist es mit dem Vers 7, der sich in der Lutherbibel folgendermaßen liest:

aber ungestraft lässt er niemand, sondern sucht die Missetat der Väter heim an Kindern und Kindeskindern bis ins dritte und vierte Glied!

Das hat bei vielen von uns (denke ich) zu der einen oder anderen Zeit Ängste geweckt und verstört auch heute.

Man könnte es sich nun leicht machen, und manche Predigten, die ich bei meiner Vorbereitung studiert habe, tun das auch, nämlich vom Neuen Testament her darüber hinweggehen und darauf hinweisen, dass Gott mit uns einen Neuen Bund in Jesus Christus geschlossen hat, der durch seinen Opfertod am Kreuz alles gesühnt hat.

So kann man es lösen, aber mir widerstrebt es, bei einem Predigttext aus dem AT diesen großen Sprung zu machen.

Ein andere Möglichkeit, die von dem Vers ausgehende Verstörung zu beschwichtigen, ist weniger theologisch als erfahrungsorientiert: drei oder vier Generationen sind es gemeinhin, die sich noch persönlich kennen (auch wenn sie nur noch sehr selten unter einem Dach wohnen).

Und so lange Täter und Opfer noch unter uns sind, können sie reden und befragt, entschädigt oder verurteilt werden – Taten und Untaten wirken bis in die dritte und vierte Generation fort – die Zeit zwischen 1933 und 1945 beschäftigt uns alle auch heute noch, das merke ich selbst ganz deutlich, da gibt es nicht wirklich die von Helmut Kohl beschworene „Gnade der späten Geburt".

Das lässt sich nicht von der Hand weisen, aber diese Erfahrung reicht nicht aus als Erklärung für das, was Gott dem Mose über sich selbst offenbart.

Vielleicht lässt sich die Spannung zwischen Gottes gnädiger und strafender Seite mildern, wenn man den Text behutsamer übersetzt, nicht wie der alte Luther sondern wie der von mir geschätzte Alttestamentler Jürgen Ebach, der so formuliert:

> *... er lässt keineswegs ungeahndet, prüfend nachgehend der Schuld von Vätern an Kindern und Enkeln bis zur dritten und vierten Generation ...*

„prüfend nachgehen" das klingt etwas weniger bedrohlich als „heimsuchen", – man kann es in unterschiedlichem Grad abschwächen, je nach Sprache, die eine bevorzugt oder theologischer

Grundhaltung, der einer anhängt – aber auf keinen Fall kann man die dunkle Seite ausblenden, wie es zum Beispiel die alte Gottesbotschaft macht, die ich noch immer besitze:

Denn das wäre dann nur noch der „liebe" Gott, den es dem biblischen Selbstzeugnis zufolge aber nicht gibt!

Es kann auch immer Erfahrungen mit einem heimsuchenden Gott geben – diese gehören ohne Frage dazu, die sollten wir niemandem absprechen.

Aber gerade, weil es auch diese Seite gibt oder geben kann, ist es so bedeutsam, dass Gott in seiner Selbstoffenbarung gegenüber Mose seiner langmütigen und barmherzigen Seite ein so deutliches Übergewicht gibt – wie die Geschichte im Übrigen auch dadurch beweist, dass es nach der Verfehlung mit dem Goldenen Kalb überhaupt noch die zweite Chance gibt – dass wir Mut fassen und bereit sein sollten, uns auf sein Bundes-Angebot einzulassen.

Denn Gott hält Bund und Treue, so heißt es (gern auch zu Beginn unserer Gottesdienste) wie aber sieht es mit dem Volk aus? Mit uns? Denn: *„wir sind das Volk"*, oder nicht?

Mose, der in unserer Geschichte Gott zeitweise näher ist als dem Volk, sagt mit Luthers Worten:

„... es ist ein halsstarriges Volk ..."

Sind wir das nicht mitunter auch, die Gott nichts mehr zutrauen, wenn wir zu lange nichts von ihm wahrgenommen haben?

Machen wir uns nicht gern auch eigene Götter und haben wir nicht genug Goldene Kälber, um die wir tanzen?

Manchmal mehr und manchmal weniger – aber leugnen können wir es doch nicht ganz, oder?

Aber all diese selbst gemachten und selbst gewählten Götter sind gerade im Licht dieser Geschichte aus dem Buch Exodus dermaßen hohl und vergänglich gegenüber dem Bundes-Angebot des Schöpfergottes, der uns erwählt hat und zusagt: *„denn Ehrfurcht gebietend ist, was ich an dir tun werde"* ...

Und der Friede Gottes, der höher ist als unsere Vernunft, bewahre uns...

Amen.

Predigt über Jesaja 42, 1 - 4

Der heutige Sonntag ist im allgemeinen öffentlichen Leben der Volkstrauertag, im kirchlichen Zusammenhang aber ist es der vorletzte Sonntag im Kirchenjahr, dem als letzter nur noch der Ewigkeitssonntag folgt.

Der für heute vorgeschlagene Predigttext passt in diesen Zusammenhang, denn auch hier ist schon von letzten Dingen die Rede:

> [31] *Wenn aber der Menschensohn kommen wird in seiner*
> *Herrlichkeit und alle Engel mit ihm, dann wird er sitzen auf dem*
> *Thron seiner Herrlichkeit, [32] und alle Völker werden vor ihm*
> *versammelt werden. Und er wird sie voneinander scheiden, wie*
> *ein Hirt die Schafe von den Böcken scheidet, [33] und wird die*
> *Schafe zu seiner Rechten stellen und die Böcke zur Linken. [34]*
> *Da wird dann der König sagen zu denen zu seiner Rechten:*
> *Kommt her, ihr Gesegneten meines Vaters, ererbt das Reich, das*
> *euch bereitet ist von Anbeginn der Welt! [35] Denn ich bin*
> *hungrig gewesen und ihr habt mir zu essen gegeben. Ich bin*
> *durstig gewesen und ihr habt mir zu trinken gegeben. Ich bin ein*
> *Fremder gewesen und ihr habt mich aufgenommen. [36] Ich bin*
> *nackt gewesen und ihr habt mich gekleidet. Ich bin krank*
> *gewesen und ihr habt mich besucht. Ich bin im Gefängnis*
> *gewesen und ihr seid zu mir gekommen. [37] Dann werden ihm*
> *die Gerechten antworten und sagen: Herr, wann haben wir dich*
> *hungrig gesehen und haben dir zu essen gegeben, oder durstig*
> *und haben dir zu trinken gegeben? [38] Wann haben wir dich als*
> *Fremden gesehen und haben dich aufgenommen, oder nackt und*
> *haben dich gekleidet? [39] Wann haben wir dich krank oder im*
> *Gefängnis gesehen und sind zu dir gekommen? [40] Und der*
> *König wird antworten und zu ihnen sagen: Wahrlich, ich sage*
> *euch: Was ihr getan habt einem von diesen meinen geringsten*
> *Brüdern, das habt ihr mir getan. [41] Dann wird er auch sagen zu*
> *denen zur Linken: Geht weg von mir, ihr Verfluchten, in das*

ewige Feuer, das bereitet ist dem Teufel und seinen Engeln!
[42] Denn ich bin hungrig gewesen und ihr habt mir nicht zu
essen gegeben. Ich bin durstig gewesen und ihr habt mir nicht zu
trinken gegeben. [43] Ich bin ein Fremder gewesen und ihr habt
mich nicht aufgenommen. Ich bin nackt gewesen und ihr habt
mich nicht gekleidet. Ich bin krank und im Gefängnis gewesen
und ihr habt mich nicht besucht. [44] Dann werden sie ihm auch
antworten und sagen: Herr, wann haben wir dich hungrig oder
durstig gesehen oder als Fremden oder nackt oder krank oder im
Gefängnis und haben dir nicht gedient? [45] Dann wird er ihnen
antworten und sagen: Wahrlich, ich sage euch: Was ihr nicht
getan habt einem von diesen Geringsten, das habt ihr mir auch
nicht getan. [46] Und sie werden hingehen: diese zur ewigen
Strafe, aber die Gerechten in das ewige Leben.

Dieser Text ist ohne Zweifel ein „Klassiker" – ich denke, die meisten von uns haben ihn heute gewiss nicht zum ersten Mal gehört. Für mich ist dabei die zentrale Botschaft diejenige, dass es in der Nachfolge Jesu und beim Christentum überhaupt nicht nur oder in erster Linie um Glaubenssätze und Wahrheiten geht, sondern um konkretes Handeln, ganz speziell im Verhältnis zu unseren geringsten Brüdern (und Schwestern). Das hat immer einen aktuellen Bezug zu unserer Lebenswelt, nicht erst seitdem unser Einsatz für die immer größere Zahl derer gefragt ist, die bei uns Zuflucht vor Krieg, Verfolgung und Hunger suchen. Diese geringsten Brüder und Schwestern sind uns auch in anderer Gestalt schon oft genug begegnet, als Menschen, die durch Krankheit und Notlagen nicht mehr für sich selber sorgen können, Menschen die von Trauer niedergedrückt sind, die ihren Halt und ihre Orientierung verloren haben. Jesus ergreift Partei für diese Geringsten und erwartet das auch von uns.

Das macht ihn mir sympathisch – mit einer anderen Seite dieses Textes habe ich (und nicht ich allein) jedoch ein großes Problem: mit dieser schwarz-weiß-Scheidung in Gute und Böse und der ewigen Strafe, die für die Böcke in Aussicht gestellt wird. Genauer gesagt gibt es zwei Probleme.

Das eine betrifft die Psyche, das Innenleben des / der Einzelnen – ich zitiere als Beispiel dafür den Psychologen Tilman Moser:

> *„ich habe dich flehentlich gebeten, mich auf die Seite der Schafe zu nehmen, doch ich wusste dass ich zu den Böcken gehörte. Es war mir als Kind so selbstverständlich, dass die Welt, die jetzige und die spätere, aus Geretteten und Verdammten bestand: das Fürchterliche war nur, dass ich, wie es auf manchen Bildern zu sehen ist, immer über dem Abgrund der Verdammnis hing und niemals wusste, wie lange der schmale Steg noch halten würde, der mich trug."*

Das andere Problem hat sich in der Geschichte oft genug gezeigt und ist auch heute so aktuell wie je: da gibt es diejenigen, die meinen, im Vorgriff auf Gottes Urteil schon in dieser Welt die Böcke strafen zu können, am besten gleich mit der strengsten verfügbaren Strafe: der tödlichen.

Dabei sehe ich zwar vor meinem inneren Auge aktuell fast notgedrungen die Kopfabhacker und Tempelzerstörer im Vorderen Orient – aber ich meine die gar nicht in erster Linie – denn das haben wir Christen im Laufe der Jahrhunderte auch immer wieder ganz gut hinbekommen: Kreuzzüge, Hetzjagd auf Ketzer, Judenverfolgungen, Hexenverbrennungen, Inquisition und was alles noch an unseligen Praktiken zu nennen ist.

Nein, mit diesem Teil des vorgeschlagenen Textes habe ich meinen Frieden nicht und werde da heute nicht drumherum oder drüber hinweg predigen – sondern möchte ihm als Korrektiv einen anderen Bibeltext an die Seite stellen.

Und zwar ist es ein Text aus dem Alten Testament – oft geht es dort strenger und grausamer zu als in den Evangelien des NT, die ja Frohe Botschaft verkündigen – dieser hier sorgt jedoch für milde, leise Zwischentöne, ich lese Jesaja 42, 1-4:

1 Siehe, das ist mein Knecht, den ich halte, und mein Auserwählter, an dem meine Seele Wohlgefallen hat. Ich habe ihm meinen Geist gegeben; er wird das Recht unter die Heiden bringen.

2 Er wird nicht schreien noch rufen, und seine Stimme wird man nicht hören auf den Gassen.

3 Das geknickte Rohr wird er nicht zerbrechen, und den glimmenden Docht wird er nicht auslöschen. In Treue trägt er das Recht hinaus.

4 Er selbst wird nicht verlöschen und nicht zerbrechen, bis er auf Erden das Recht aufrichte; und die Inseln warten auf seine Weisung.

Mein liebstes Bibelwort seit vielen Jahren ist der dritte Vers mit dem Satz:

Das geknickte Rohr wird er nicht zerbrechen, und den glimmenden Docht wird er nicht auslöschen...

Das ist für mich der tröstliche Gegenentwurf zu dem, wie es in unserer profit- und erfolgsorientierten Welt immer öfter zugeht: da ist kein Platz für Versager; wer nicht effizient ist, auf den wird verzichtet; wer einmal einen Fehler gemacht hat, dem trauen wir nichts mehr zu usw. usw.

Gott misst jedoch mit anderem Maß als unsere Controller und Analysten, er gibt auch eine zweite und eine dritte Chance, er tritt nicht auf den, der schon am Boden liegt und gibt nicht dem Opfer den Rest. Im Unterschied zu den Mächtigen und Selbstsüchtigen in unserer Gesellschaft achtet er auch das Lebensrecht derjenigen, die so schwach und kraftlos scheinen wie ein geknicktes Schilfrohr und ein nur noch glimmender Docht.

Als ich vor gut 40 Jahren das erste Mal in London war, habe ich dies in beeindruckender Weise in die heutige Sprache übertragen gefunden; da stand in riesigen Lettern an einer Mauer der Satz:

„God won't fuck you when you're all fucked up."

Mag sein, dass das für den einen oder die andere jetzt von der Kanzel herab anstößig klingt; für mich hat, wer immer das damals dorthin gemalt hat, den Jesajavers vom geknickten Rohr sehr gelungen für diejenigen übersetzt, die wahrscheinlich (aber wer weiß das wirklich?) nie eine Kirche betreten und einer Predigt lauschen werden.

Wenn wir uns nach dieser persönlichen Erinnerung wieder dem Text selbst zuwenden, fällt bei genauerem Hinsehen auf, dass dieser schöne Satz vom geknickten Rohr und dem glimmenden Docht nicht direkt etwas über Gottes Handlungsweise aussagt, vielmehr ist da von einem Knecht die Rede.

Der Text ist nämlich auch bekannt als das erste „Gottesknechtlied“ und handelt von einem, der in Gottes Auftrag unterwegs ist und dabei sehr behutsam und sachte vorgeht, der keinen Lärm und nicht von sich reden macht. Das ist keiner der Lautsprecher, die sich um Aufmerksamkeit und Medienpräsenz bemühen, eher einer, der im Hintergrund ebenso bescheiden wie beharrlich Gottes Auftrag erfüllt.

Oft ist gefragt worden, wer denn mit diesem Knecht gemeint ist? Von den möglichen Antworten nenne ich die am häufigsten vorgeschlagenen:

der Prophet Jesaja selbst,

der Perserkönig Kyros (der – von Gott beauftragt – die Babylonische Gefangenschaft des Volkes Israel beendet und ihm die Rückkehr in die Heimat ermöglicht hat),

das Volk Israel als Ganzes,

oder aus christlicher Sicht natürlich:

Jesus, auf den der Prophet vorausdeutet.

Oder sind es ganz einfach alle, die sich für Gottes Gerechtigkeit in der von Jesaja geschilderten unaufdringlichen Weise einsetzen? Könnte es auch jemand von uns sein? Warum eigentlich nicht? Oder ist dieser Auftrag für uns eine Nummer zu groß?

Zweifel können wir natürlich haben, ob das Verhalten des Gottesknechts eine in dieser Welt erfolgversprechende Vorgehensweise ist, wo Macht, Geld und öffentliche Aufmerksamkeit scheinbar unverzichtbare Voraussetzungen für wirkmächtiges Handeln sind.

Aber, und das ist in unserem Text ebenfalls wichtig: Gott sichert zu, dass er seinen Beauftragten stützt und hält, dass dieser nicht vergehen und verlöschen wird. Er wacht im Hintergrund über ihn und nimmt Partei für diejenigen, die das Lebensrecht der Schwachen und Unterdrückten, der zahl- und namenlosen Opfer zu ihrer Sache machen. Die nicht nur in der Art, wie sie vorgehen, sondern auch mit den Zielen, die sie verfolgen, im Sinne des Herrn unterwegs sind, der im Gottesknechtlied übrigens auch deutlich sagt, um was es geht:

6 *Ich der HERR habe dich gerufen in Gerechtigkeit und habe dich bei deiner Hand gefasst und habe dich behütet und habe dich zum Bund unter das Volk gegeben, zum Licht der Heiden,*

7 *dass du die Augen der Blinden öffnen sollst und die Gefangenen aus dem Gefängnis führen, und die da sitzen in der Finsternis, aus dem Kerker.*

8 *Ich, der HERR, das ist mein Name; und ich will meine Ehre keinem andern geben noch meinen Ruhm den Götzen.*

Gerechtigkeit soll geschehen, blinde Augen geöffnet werden, Gefangene freikommen und die im Dunkeln sitzen herausgeführt werden. Da schließt sich der Kreis: unsere beiden Predigttexte zielen in die gleiche Richtung; es geht um die da unten und im Dunkel, um die „geringsten" unserer Schwestern und Brüder.

Und wer immer für diese handelt und in Treuen das Recht hinausträgt, der will genau wie Gott selbst niemand zu Grunde richten, übel zurichten oder gar hinrichten und was immer noch für weitere negative Assoziationen mit dem Wort: Richten verbunden sein mögen – nein: der will aufrichten, zu Recht bringen, Gerechtigkeit verschaffen. Und ich bin sicher, dass so etwas gemeint ist, wenn es heißt:

„von dort wird er kommen zu richten die Lebenden und die Toten".

Und da die Sehnsucht nach dieser Gerechtigkeit in unserer Welt so groß ist, dass wir nicht bloß passiv auf einen Richterspruch am Ende der Zeit warten sollen oder wollen, um ihn dann über uns ergehen zu lassen, deshalb kann uns Jesaja Mut machen, uns hier und jetzt schon für göttliches Recht und seine Gerechtigkeit einzusetzen, vielleicht nicht als Richter, aber dann doch als Anwälte oder Fürsprecher der „geringsten" unserer Brüder und Schwestern. Wir dürfen dabei nicht selbstgerecht sein oder meinen, wir könnten Gottes Urteil am Ende vorwegnehmen. Doch wir dürfen uns in unserem Einsatz für diese Geringsten von ihm gehalten, getragen und wohlwollend, ja gnädig angesehen wissen.

Und der Friede Gottes, der höher ist als unsere Vernunft, bewahre uns und unsere Herzen und Sinne...

Amen.

Schlussgebet

So legt euch denn ihr Brüder
in Gottes Namen nieder
kalt ist der Abendhauch
Verschon uns Gott mit Strafen
und lass uns ruhig schlafen
und unsern kranken Nachbarn auch

(Matthias Claudius – Der Mond ist aufgegangen)

... und unseren kranken Nachbarn auch ...

Guter Gott,

wer immer dieser Nachbar sei

ob sie zu meiner Rechten sitzt
oder zu meiner Linken schläft

ob er über mir wohnt
oder unter mir leidet

ob die Krankheit
den Leib oder die Seele quält
oder gar das Leben selbst bedroht

Herr,
wir bitten für alle
die uns nahe stehen
oder nahe gehen:

segne und behüte sie

und gib uns allen eine gute Nacht!

Inhaltsverzeichnis

28	Bücherecke	Das Gemeindefenster, September – November 2003, S. 13
30	Meditation „Verschlossenes Gefäß“	vorgetragen im Salbungs-gottesdienst am 7.4.2004
31	Verheißungsvoller Augenblick	Andacht zur Presbyteriumssitzung am 8.2.2005
34	Wunder stehen nicht auf dem Programm	Andacht zur Presbyteriumssitzung am 14.6.2005
37	Gedanken zu Jakobus 5, 13–16	Andacht zur Presbyteriumssitzung am 12.2.2007
41	Die Perle der Gelassenheit	Andacht zur Presbyteriumssitzung am 13.11.2007
45	Die Perlen der Stille	Andacht zur Presbyteriumssitzung am 13.5.2008
49	Gedanken zum Anspiel	vorgetragen im Familiengottesdienst am 7.12.2008
52	Saul in En-Dor: ein König am Boden	Vorstudie zur nachfolgenden Predigt

Bereits erschienen:

55 Seiten, pb., ISBN 978-3-384-15295-4